怪獸訓練
肌力課程設計

打造最強壯版本的自己

MONSTER
Training

Program Design
for Strength Training

何立安 / 何凡
———— 著 —— 攝影

MONSTER
Training

目錄 CONTENTS

PART 1 訓練及動作原理的基礎認識

前言

一切都是學習的過程。

課程設計探討的是如何選擇訓練動作，以及如何將這些動作編排成一張又一張的課表，這是肌力及體能訓練的核心，有最高的價值，卻也有最多的爭議。哪個動作最好、哪種週期安排最好、怎樣加重最好、要練到多累才夠好，這些問題在網路及社群媒體上有著不同的爭論，有陳述實務經驗和研究證據的理性論述，也有針鋒相對甚至互相詆毀的口水戰爭，讓正在吸收訓練知識的一般大眾感到無所適從，有些人選擇跳入自己喜歡的陣營加入戰局，有些人乾脆放棄理解，直接認為一切都是居心叵測的商業操作，運動就是動一動就好，沒有什麼學問在裡面。

網路上固然有故意胡說八道的人，但是撇開這些不談，肌力及體能訓練的諸多爭議背後，其實有一些更值得深入探究的思維：「為什麼每一種不同的訓練法都有見證者？」「為什麼南轅北轍的觀點卻都有證據支持？」「為什麼一種方法以前似乎有用，現在卻沒用了？」

這些問題的背後有一個關鍵，那就是：「人是階段性改變的動物。」截然不同的訓練方式都有人支持，也都有人反對，因為這些人各自處於不同的改變階段，對相同的訓練有著天差地別的反應。同一個方法對同一個人以前有效，現在卻不再有效，這是因為這個人已經走到不同階段了。

那些各門各派的訓練方式，其實可能都對，也可能都不對，而對與不對，要看是在怎樣的時機，用在怎樣的人身上。

所以，對訓練法的討論都沒有意義了嗎？其實不然，正因為人是階段性改變的動物，所以知道現在正處於哪個階段是很重要的，偏偏人不太容易知道自己目前正在改變的哪一個階段，因此每一種訓練方法都可能有效，也都可能無效，所以執行課表的關鍵，從「該選哪一種課表才對」，變成「如何知道自己現在需要怎樣的訓練」，或者更精確一點說，應該是要「理解目前自己的身體對訓練有怎樣的反應」。

很多人都認爲一個有效的訓練，就像是藥物一樣，張口吞下之後就只需要靜待藥效發作，其他都不用管，事實上這種心態卽便是在醫藥的領域也是危險的。在肌力體能訓練的範疇裡，其實每一張課表都只是一個「學習的過程」，好的課表帶著你安全的體驗一段對身體輸入刺激的歷程，但課表的成敗不在於如何熱血努力地執行完畢，也不在於能夠破多少紀錄，而是在於如何從這個階段學習理解自己身體對訓練的反應。

許多人執行過許多課表，有些有效，有些無效，但沒有留下太多心得，想再進步，只好到處尋找還有沒有什麼神妙處方，但也有些人僅藉由幾種典型的簡單課表，經過幾個循環之後，就充分掌握訓練的奧義，進入自主訓練的最高境界，這中間的差別，就在於學習過程中是否認眞感受身體對訓練刺激的反應，並且累積成有系統的個別化知識。

理解自己，是一件可以學習的事。大家都知道在學習數學、外語、電腦、游泳、溜直排輪甚至騎腳踏車等技能時，都會經歷一個最初很笨拙，但逐漸掌握要領，最後變得習慣而自然的過程。但是很多人不知道，理解自己也是需要學習的。

運動的領域裡已經有太多備受挫折的人，他們像陷入迷宮似的，從這一個方法換到另一個方法，別人的進展永遠看起來比較厲害，自己的進展永遠如此緩慢，最後甚至可能灰心喪志，或是開始懷疑所有練得比自己好的人都是欺騙或作弊。這些負面想法都不必要，練習知道自己對訓練的反應，才是走出迷宮的方法。

課程設計，就是在討論如何累積這種「認識自己」的知識，我會試著詮釋每一個我們選擇的動作理由和可以帶來的功效，也會列出目前已知有效的多種課程安排方式，期望這樣的內容，可以讓每一個想要透過訓練變強的人，找到一個累積個人化訓練知識的途徑，開啟變強之路。

MONSTER
Training

1

訓練及動作原理的
基礎認識

從呼吸到核心，
人體的力量來源

翻開肌力訓練的書籍，或許大家都期望馬上到肌力訓練動作或課表的部分，但偏偏我們必須從呼吸法先談起，因為呼吸法是人體力量最關鍵的一件事。

從過去到現在，呼吸法這個議題一直在運動訓練領域裡反覆出現，近年來的論述讓我們知道，呼吸與運動能力的關聯性比一般人想像的還要更深也更廣，也因為這些論述，讓我們開始反思現代人的姿勢習慣、審美觀和用力方式，是否有一些積非成是的問題。對於許多將「肌力訓練」視為「肌肉訓練」的人們來說，從呼吸這個再簡單不過的現象開始探討，似乎有些小題大作，但是如果我們仔細深入這個議題就會發現，肌力訓練必須依賴核心穩定性，而核心穩定性必須依賴核心呼吸法，而核心呼吸法的成功，又必須依賴對整體呼吸過程的充分掌握，這很可能包括修復許多失靈的呼吸習慣以及機制，也因此，呼吸這個容易被大家忽視的日常動作，成為肌力訓練裡至關重要的生理和力學機制。

我們先來釐清呼吸的兩個功能，再來探討呼吸的應用方式。呼吸至少具備兩種功能，一種是維持生存的「日常呼吸方式」，另一種是用來提升力量輸出的「核心呼吸法」。日常的呼吸方式，重點在於順暢緩和，不會有局促感，畢竟呼吸是一天要做上萬次的動作，動作的效率若是太低，呼吸本身可能就會成為極度疲勞的過程。肌力訓練過程的核心呼吸法，是為了提升力量輸出，並且讓軀幹成為一個穩固的剛體結構，以支撐或傳遞力量。要了解這兩種機制的運作方式及關聯性，就要從核心的結構開始談起。

人類是極少數直立的脊椎動物，大多數有四肢的脊椎動物都是利用四肢行走，而偏偏人類在演化的過程裡，從四足移動變成雙腳站立，雖然我們無法確定這樣的過程是怎麼發生的，但是人類似乎從站立得到了生存優勢。根據推測，人類因為站立所以視野變遠，可以更早對外在環境作出反應和布局，雙腳移動的姿勢空出了雙手，讓人類可以使用工具和武器，奠定了強大的生存優勢。此外，雙腳站立的移動方式具有極高的動作效率，也讓人類在求生存的過程中獲得優勢。

但是，直立起來的姿勢產生的重大問題是，脊椎骨在直立的狀態是一個非常不穩定的結構，這群作為人體中軸的脊椎骨，不像大腿或手臂一樣，有著粗壯的長條柱狀外形，脊椎是由一塊又一塊的小骨堆疊而成，加拿大的脊椎生物力學專家麥吉爾教授（Stuart McGill）的實驗發現，在沒有肌肉力量支撐的情況下，脊椎骨根本沒有太多的負重能力，很容易就會因為外力而改變排列。

因為這個非常不穩的脊椎附近有人體最重要的脊椎神經通過，如果人體的動作有可能危及脊椎的正常姿勢，就有可能傷及附近的脊椎神經，這是人體會自動防禦和避免的事。每當人體動作有可能危及脊神經的時候，人體的自我防禦機制就會介入，避免有害的動作繼續下去。常見的機制是利用「限制活動度」和「限制力量」的方式，來避免動作持續，這樣的機制讓脊椎的穩定性成為所有用力動作的前提，也就是說，當身體無法提供足夠的脊椎穩定性，就無法做強而有力的動作。

這個非常不穩固的脊椎骨，成為人體用力的一個限制因素。反過來說，如果我們希望可以用非常大的力量去做動作時，先行穩住自己的核心，就變成為發力成功先決條件。我們常提到的「中軸穩定，四肢發力」及「近端穩定，遠端發力」就是依據這樣的機制而產生的發力手法。

中軸穩定性、核心穩定性、脊椎穩定性等等，這些概念互相重疊的名詞，指的就是身體能夠保護脊椎並且順利發力的機制，中軸穩定性不足，會造成動作中相關的關節活動度受限，同時也會損失力量。除此之外，人體各個關節原本該提供的活動度和穩定性，也會因為「反射回饋」「相鄰代償」的機制而產生交互作用和連鎖反應。簡言之，中軸穩定性不足，影響的範圍不會局限在脊椎骨，而是會對整體的動作品質發生決定性的影響。（更多關於代償動作的相關論述，可參考《怪獸訓練肌力及體能訓練手冊》）

當中軸穩定性不足，「不情願」的人體可能會以「限制活動度」和「限制力量」的方式避免動作的產生，但如果執意要做動作，很可能就會以代償的方式強渡關山，而這就是訓練開始變得危險的時刻了。為了避免這樣的現象在訓練時發生，適當的呼吸法變成肌力訓練最重要的先修課程。

過去在探討呼吸法機制的時候，都會直接從輸出力量的呼吸法（例如我們常用的口訣：吸氣閉氣，壓胸夾背，扭地夾臀）開始說明，但是一連串的教學經驗讓我們知道，許多人缺乏的不只是發力的呼吸法，而是連日常呼吸的機制都可能有某種程度的失調。因此必須回頭探討日常呼吸的機制。更明確地講，應該要探討「橫膈膜」的角色，才更能讓人理解發力的呼吸機制。

呼吸的過程中依賴胸腔的擴張，才能讓氣體進入肺部，使後續的氣體交換得以發生，人體胸腔擴張可以從幾種不同的方式產生，按照方向可以區分為「垂直式」「水平式」和「混合式」的呼吸。

脊椎中立姿勢

　　前面提到過，脊椎骨本身沒有太好的垂直負重能力，但人體在對抗阻力時，很少能不牽涉到脊椎負重，因為無論是用肩膀扛起重量、用手舉起重量，或是對抗外來的撞擊力，脊椎骨都會受到衝擊。維持脊椎穩定性需要從兩方面去著手，一是盡可能守住脊椎中立姿勢，二是透過呼吸法提高腹腔內壓。

　　所謂的脊椎中立姿勢，指的是脊椎骨的每一節之間，盡可能維持均等的壓力，要如何判斷中立的脊椎姿勢呢？從外觀來說，當人體保持中立脊椎姿勢時，在上背附近會有一個微凸的曲線，在下背附近有一個微凹的曲線，使得脊椎骨從側面看起來像是一個又扁又長的S形。如果在人體的背後畫一條直線，會發現頭（後腦）、肩（上背微凸之處）、臀（尾椎）剛好會呈現「三點共線」，且在站姿的時候，這三點共線向下延伸，會剛好落在兩隻腳後跟的正中間。下背微微凹進去的幅度，大概剛好等於每個人自己的手掌厚度，所以如果將手掌背在下背處，會剛好填滿下背的凹陷，這就是從外觀上概略判斷中立脊椎姿勢的簡易方法。

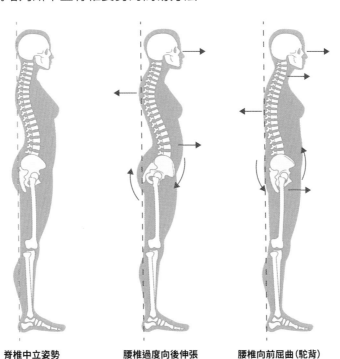

脊椎中立姿勢　　　　腰椎過度向後伸張　　　　腰椎向前屈曲（駝背）

值得一提的是，中立脊椎姿勢是一個範圍，而不是一個定點，過度計較些微角度的偏差，其實意義並不大，但大幅度偏離中立脊椎姿勢就不適合進行負重訓練。維持脊椎中立姿勢可以大幅度降低椎間盤受到不當擠壓的機率，使人體在承受外在壓力的過程裡可以確保自身安全，同時又有機會發出高強度的力道。偏離脊椎中立姿勢的狀況有二，一是駝背（flexion），也就是腰椎向前屈曲，二是過度伸展（hyper-extension），即腰椎向後伸張。雖然在強大的腹腔內壓保護之下，偏離中立姿勢未必表示會有立即的危險，但是在訓練上通常還是偏向保守的立場，盡量不偏離。如果有疑慮，一般的建議是盡量在脊椎負重的過程中，保持中立脊椎姿勢。

認識垂直式呼吸和水平式呼吸

垂直式呼吸指的是在呼吸的時候主要依賴聳肩的方式幫助肺擴張，軀幹發生向上延伸的現象，因此稱作垂直式。水平式呼吸，指的是在呼吸的時候主要依賴胸腔和腹腔的外擴來幫助肺擴張。而混合式呼吸則是在某種程度上同時使用了垂直和水平方向的呼吸方式。這幾種方式雖然都可以達到呼吸的目的，但在某些重要的細節上有著顯著的不同。

垂直式的聳肩呼吸主要利用提高肩膀來擴張肺部，橫膈膜沒有明顯的移動，這樣的呼吸方式常見於用力喘息的時候。水平式的呼吸方式則依其擴張的方向又分為「腹式呼吸」和「環狀呼吸」。所謂的腹式呼吸指的是在吸氣時，橫隔膜用力往下降以擴張肺部，同時藉由將腹部突出換取胸腔空間，環狀呼吸則是在橫膈膜下降的時候，藉由整圈的腹背肌群向外擴張而換取胸腔空間（口語上腹式呼吸和環狀呼吸經常被混用，幾乎已經沒有清楚的界線，此處係為了說明，刻意區分此二者）。

以功能來說，水平式的呼吸方式可以獲得較佳的日常呼吸效能，尤其是環狀呼吸，其擴張的肺容積較大，也比較不容易疲勞。垂直式的呼吸方式比較容易造成較淺的呼吸，也因為呼吸較淺，所以往往需要提高頻率來彌補，導致較為急促的呼吸節奏。

　　理論上來說，水平式的呼吸方式應該是一般日常生活當中較好用的呼吸方式，垂直式呼吸則比較像是在用力喘氣的緊迫狀態下增加呼吸率的作法。但是，現代人因為種種緣故，許多人的水平式呼吸都已經有某個程度的失調，因此大量採用垂直式的呼吸。像這樣把緊急機制用於平時，其實是一種低效率的代償機制。用最簡單的方式來形容這種現象，可以視之為「用斜方肌代償橫隔膜」的呼吸過程，這樣的過程很可能會導致疲勞和痠痛。

　　人類為什麼會廣泛地出現呼吸代償的現象呢？其背後可能的原因包括「長時間的坐式生活」以及「崇尚平坦小腹的身體形象」。長時間的坐式生活可能會讓人感覺腹部不容易漲縮，因此選擇以聳肩的方式呼吸，而身體形象的影響更是劇烈，擔憂他人對自己身材作出負面評價的社會體型焦慮，使得許多人從早到晚自主性收縮著腹部，想要製造小腹平坦的外觀，無形中也限制了水平式呼吸大部分的空間，導致身體只能選擇垂直式呼吸。

　　理論上來說，呼吸最終的目的是氣體交換，因此只要能讓空氣自由進出呼吸道，其實選擇怎樣的呼吸方式應該都沒關係。然而，如果將考量的範圍擴大到維持姿勢穩定性，這兩種呼吸的方式就會產生截然不同的效果。前面提到在水平式呼吸的類型中，橫膈膜扮演著呼吸主動肌的角色，而橫膈膜本身也是重要的姿勢肌群之一，呼吸時橫膈膜的下降等於對腹腔施加壓力。人在沒有額外的姿勢需求的時候，大可讓腹背肌群大幅擴張，充分發揮擴張肺部的功能，但除此之外，在有維持姿勢穩定性或抵抗體外壓力的需求之時，只要配合姿勢和力量的需求，相應地繃緊腹背肌群，鞏固成堅固的核心「牆壁」，同時用吸氣的方式由內往外「推」自己的核心牆壁，腹腔內壓（Intra-abdominal pressure，IAP）就會上升，內壓上升的腹腔就會成為保護腰椎最強的穩定結構。換言之，在規律的水平式呼吸進行中，任何時候如果需要穩定身體姿勢，只需要在一吸一吐之間，用簡單的呼吸調控腹腔內壓，核心穩定性就可以一步到位。

　　垂直式的呼吸方式在這方面的表現就有很大的不同，收小腹加挺胸的姿勢，再加上聳肩的呼吸過程，讓橫膈膜停在原地，取而代之的是斜方肌的上下移動，這樣的過程造成了較淺較短的呼吸，同時也架空了腹腔內壓的保護機制，腰椎的穩定性變成單純由下背肌群和腹肌支撐。

　　在這樣的情況下，腹背肌群不再是藉由調控腹腔內壓來提供支撐力，而是直接扮演提供支撐力的角色，這樣的脊椎穩定機制比起使用腹腔內壓的方式要遜色得

多，平時較容易因爲肌肉長時間用力而感到疲累，下背肌群過勞也可能會產生慢性的下背痠痛現象。此外，這種機制的負重潛力也低了許多，因爲缺少腹腔內壓的支持，單靠肌肉力量來保護，使人無法利用這樣的機制去對抗較大的阻力。

許多不理解呼吸法的人，在做深蹲或硬舉的時候，爲了避免在負重過程發生駝背，於是用力拱腰製造一個過挺的背（hyper-extension），這樣看似遠離了駝背的方向，實際上更容易發生駝背，因爲用力挺腰的過程是企圖藉由收緊下背肌群來避免駝背，但是這樣的動作不利於讓整個腹腔內壓提高。少了強而有力的腹腔內壓，單靠下背肌群苦苦支撐，其實在負重或長時間維持姿勢的過程中，最終都難免導致下背肌群力竭，產生不必要的痠痛和不適，這種類型的不適甚至可能嚴重到引發劇烈痠痛，但求醫診治時往往被視爲一般的肌肉痠痛來處理，如果沒有重建核心穩定性，這樣的問題其實復發機率甚高。

至此，大家應該已經看出，我們所推薦的日常呼吸方式，是盡量以水平式呼吸爲主，而且最好是可以活化整個腹背肌群的環狀呼吸方式。活化環狀呼吸的機制，除了在呼吸過程較爲省力（甚至恢復體力），也有助於隨時轉換成可以支撐姿勢和對抗外力的核心呼吸法。

有了環狀呼吸的概念，接下來就可以討論怎樣由環狀呼吸的方式，演變爲可以支撐極限重量的核心呼吸法。

大重量呼吸法

　　維持脊椎中立姿勢不能僅依賴軀幹的肌群去達成，還需要腹腔內壓的協助。脊椎分為胸椎段和腰椎段，胸椎段由胸腔來支撐，腰椎段由腹腔來支撐，如何調控胸腔和腹腔的內部壓力，使之成為脊椎骨的最強穩定力，是每一個學習重量訓練的人都需要知道的。

　　保護胸椎時需要把胸腔壓力提高，胸腔壓力要提高並不難，用力深呼吸，同時鞏固胸腔的肌群，也就是在等長收縮的胸腔肌群裡加壓打氣，就可以使胸腔成為支持胸椎的有力結構。保護腰椎則需要依賴腹腔內壓，而這稍微複雜一些，腹腔內壓可以透過核心肌群的等長收縮，同時配合橫膈膜用力向下加壓來達成。

　　最剛強的腹腔有著特殊的結構，偏離這個結構會開始損失支撐力，且偏離越多損失越嚴重。這個特殊結構外觀上很像一個筒狀結構，具體來說有幾個特性：一是「橫膈膜正對著骨盆底」，二是「在不違背脊椎中立姿勢的前提下，橫膈膜與骨盆底的距離要盡量拉近」，三是「腹背及骨盆底的所有肌群都要做強力的等長收縮」，四是「要控制全身各處多餘的活動度」，這樣才能製造讓橫膈膜用力往下壓的適當環境，以提高核心穩定性，而這也就是術科教學時常用的「吸氣閉氣，壓胸夾背，扭地夾臀」想要傳達的意義。（關於「吸氣閉氣，壓胸夾背，扭地夾臀」具體操作方式，請參考《怪獸訓練肌力及體能訓練手冊》）

　　一個穩固的核心結構，是發揮力量的基本要件，因此肌力訓練的各種情境裡都需要適當的呼吸方法，大重量呼吸法是最基礎中的基礎，依照人體發力時用力時間長短的不同，呼吸法的節奏還包括短吐氣、憋氣或憋氣加上短吐氣及連續短吐氣等等方式，各種呼吸的方式各自有適用的動作情境。

爆發力呼吸法：穩定性換得力量，放鬆換得速度

「中軸穩定，四肢發力」的基本原理告訴我們，要讓身體願意釋放力量，必須先讓脊椎獲得足夠的安全感，而這個安全感通常來自於核心穩定性，所以，要讓身體發力，就是要盡可能地提供核心穩定性。不過，這也引發了一個潛在的問題，要提供最佳的核心穩定性，通常需要身體進入一種緊繃狀態，但是緊繃的狀態容易讓身體僵硬，對於需要速度的動作來說相對不利。

當身體需要速度的時候，需要進入比較放鬆的狀態，舉個例子來說，一個壺鈴擺盪動作中，當訓練者向前屈髖時，此時爲了保護腰椎，必須做出某種程度的閉氣用力，當身體需要用伸髖的力量瞬間將壺鈴向前甩時，就必須適度放鬆來釋放速度。

這是一個瞬間發力的過程，如果身體很僵硬，將會影響這個階段的動作速度，爲了解決這個問題，一個簡單的作法是在發力的一瞬間放鬆身體。這個放鬆只有一瞬間，且需要配合呼吸法的調整。前面提過，憋氣的用力方式可能會導致過度僵硬，影響速度的發揮，但如果就此把一口長氣吐掉，可能會導致過度放鬆，過度的放鬆會造成姿勢的潰散，也不是我們想要的，所以一個常見的作法是「短吐氣」，短吐氣的一瞬間核心穩定性不減反增，讓脊椎姿勢不至於失衡，因此身體仍然願意釋放力量，但在短吐氣後的下一瞬間，身體進入加速階段，此時全身肌群並不像持續憋氣時那樣僵硬，因此可以開始展現速度。

所以，即便是在爆發力的過程中，用核心穩定性保護脊椎的大原則仍然不變，只不過是在呼吸法的應用方法上必須作出一些改變。

中低強度訓練的呼吸法

在肌力訓練的過程中，並不一定每次訓練都是高強度或高速度，事實上有爲數不少的訓練次數是使用中低強度，這種訓練反覆次數較多（通常是10-30次不等），需要連續不斷用力。在這樣的用力方式之下，呼吸的方式可能也有調整的必要。

原本閉氣用力的方式，在高反覆的訓練中並非完全不可使用，不過閉氣用力的方式在經驗上有兩個明顯的限制，就是「單次不宜過久，連續不宜過多」，其背後可能的因素是閉氣提高腹腔內壓的過程，同時提高了血壓和腦壓，這些高壓力可能會發生類似偏頭痛的症狀。單次憋氣過久容易造成缺氧甚至暈眩，連續憋氣次數過多（即便每做完一次反覆都換一口氣）容易造成類似偏頭痛的症狀。雖然每個人能夠承受的次數有個別差異，但通常在連續使用憋氣技術15-20次左右，有許多人就會出現頭痛的症狀，不管是任何時候，一旦出現頭痛的症狀都應該停下。

有鑑於此，中低強度的呼吸方法也需要視情況調整，基本上，當強度較低的時候，就算不憋氣，身體也可以釋放足夠的力量完成動作，不過這不表示呼吸就可以隨意，通常建議配合著動作的節奏吸氣和吐氣，例如在深蹲或臥推的過程當中，重量下行時吸氣，上升時吐氣。這種使用中低強度且全程保持順暢呼吸的訓練方式，也適合醫療上有禁忌以致於不適合閉氣用力的訓練者。

重耐力的呼吸法

重耐力訓練是肌力訓練領域當中相當特殊的一種訓練方式，所謂的重耐力訓練除了字面上的意思（較重的肌耐力訓練）之外，還有另一個特殊的要求，就是要突破最高反覆次數的訓練。

舉例來說，一個存在已久的「超級深蹲」（super sqaut）訓練法（又稱為呼吸式深蹲），就是一種重耐力訓練，這種訓練方式是將一個10RM的重量做到20下，是一種最典型的重耐力訓練方式。這樣的作法看似不合理，畢竟所謂的10RM就是最多只能做10次的意思，要做到20次，顯然需要特殊的手法和一段不短的訓練歷程。

所謂的特殊手法，就是在每一次反覆之間，可以做數次的「深呼吸」以恢復體力，讓身體可以繼續用力。一般所謂的10RM，指的是沒有刻意停頓的連續10次反覆，而super sqaut的過程中，每一次深蹲之間都可以輔以幾次的深呼吸，這讓訓練者可以突破10次的限制，經過一段時間的努力之後可以練出把原本的10RM蹲到20次的能力。這種訓練除了有重耐力的效果之外，也有明顯的肌肥大效果。

跟中低強度的訓練一樣，重耐力訓練也會面臨憋氣「單次不易過久，連續不宜過多」的問題，連續20次的大重量深蹲，如果每一次都憋氣用力，有很高的機率可能會引發頭暈或頭痛的症狀，為了避免這樣的現象發生，有以下幾種方式可以調節呼吸。

對於一些肌耐力較強的訓練者來說，10RM可能是一個用順暢呼吸即可完成的重量，此時可以比照前述的中低強度訓練呼吸法，在下行的時候吸氣，上升時吐氣，配合每次反覆之間的深呼吸，即可完成20次反覆。

　　不過，對於另一些訓練者來說，可能沒有把握單靠順暢呼吸便完成動作，或是有些人想要挑戰更重的重耐力訓練（例如使用8RM做20次），這樣的狀況下便無法只依賴順暢呼吸，部分或全部的反覆次數都會需要依賴一些憋氣的技巧，此時便需要做一些調整，以免發生連續閉氣次數過多導致的問題。

　　第一種方式是縮短閉氣的時間，這種方式又分成幾種程度不等的作法，第一種是跟一般的呼吸法類似，在動作的高點先吸飽氣，然後憋氣之後開始下行的動作，從低點折返向上時，剛過自己覺得最吃力的「困難點」（sticking point）便開始吐氣，如此一來，在上行階段有大部分是不閉氣的狀態完成，可顯著縮短閉氣的時間。

　　第二種方式是在動作高點先不閉氣，在下行階段緩緩吸氣，到達動作低點時閉氣，並且維持閉氣狀態進入上升階段，然後在過了困難點的時候開始吐氣，這種作法讓閉氣的時間再度減少，更加避免感到頭暈或頭痛的機會。

　　第三種方式是在高點先吸飽一口氣，在下行過程中緩緩吐氣，吐氣到動作低點附近時才閉氣，接著維持閉氣通過動作低點並折返向上，然後在上升到通過困難點之後再度開始吐氣，這種與「吸氣閉氣」相反的「吐氣閉氣」手法，可以降低憋氣的時候肺部的氣體容積，使得體腔壓力不至於過高，有機會降低頭暈或頭痛的現象。

　　附加提醒一件事，就是重量訓練引發頭暈或頭痛的現象雖然少見，但如果發生時，憋氣用力未必是唯一的原因。即便是做足了各種預防措施，也已經盡量避免「多次」或「長時間」憋氣用力，但如果在重訓過程中仍然出現頭痛的前兆，還是建議暫停動作，不要在疼痛下勉強訓練。

5

脊椎持續負重的呼吸法

有些動作需要較長時間維持脊椎負重，但同時又沒有機會大口換氣，例如背負式負重行走、雙手提重物行走，或是單邊負重行走。行走動作是一個周而復始的小幅度動作，不像臥推、深蹲、硬舉有清楚的起點和終點，所以不容易找到一個特定的時機吸氣閉氣或換氣，在大重量負重行走的過程中，核心穩定性扮演了絕對重要的角色，事實上，當負重各個環節（如握力、肩膀負重能力或抱重量的能力）無虞的情況下，通常是核心穩定性決定了一趟負重行走的成敗。

在需要長時間維持核心穩定性的動作中，長時間憋氣顯然不是一個選項，就算可以避開偏頭痛的風險，也終究會因為缺氧而失敗。多次正常吐氣換氣的作法可能也不適用，深蹲、臥推和硬舉之所以可以在反覆次數之間找到可以完整吐氣換氣的機會，是因為這些動作都有姿勢結構特別強的時刻，例如深蹲和硬舉過程中完全站直的時刻，以及臥推雙手打直的時刻，這些時刻身體具有較強的結構力量，因此有餘裕可以換氣。

負重行走的動作中，因為永遠都處於「單腳支撐、重心轉換」的過程，因此從來沒有一個特別穩定或特別強的結構出現，讓人可以完整的吐氣換氣，如果在負重行走過程中做大幅度的吐氣換氣，吐氣時難免降低腹腔內壓，導致核心穩定性降低，身體可能會因此失去力量。

因應這樣的狀況，「連續短吐氣」可能是一個可行的選項，連續短吐氣在吐氣的過程中，因為用力吐氣的關係腹腔內壓會小幅上升，然後藉由短吐氣後反射性地吸氣，可以完成換氣的循環，而這個過程中不會有腹腔內壓大幅降低的現象發生。

在了解「中軸穩定，四肢發力」的原理、核心所扮演的角色和各種呼吸法之後，接下來我們就可以探討訓練課程應該包含的動作有哪些。

CHAPTER 2

動作選擇的三大原則

在談到訓練動作的選項之前，我們必須要探討一下，訓練應該遵循哪些原則才能夠長期進步，也才知道選擇哪些動作會最有效率。訓練的原則非常繁多，為了避免模糊焦點，僅選擇與接下來主題相關的原則。以下介紹與動作選擇有關的三大原則：低風險原則、人體自然動作原則，以及特殊變化度原則。

低風險原則

任何運動都有風險，或者我們應該說，人生中的所有事情都有風險。風險不可能完全被迴避，只能盡力控制。許多時候人面對風險所應該作的抉擇，是權衡其利弊得失後的結果，只要利大於弊，通常就是一個合理的選擇。依照這樣的邏輯來看，肌力訓練就是一個極優異的選擇。首先，肌力訓練的訓練風險遠遠小於其他競技運動，打籃球、打棒球都有可能會因為全力求勝而撲跌扭傷，打網球或打高爾夫球也有可能會因為過度使用某些肌群和關節而留下局部的傷害，長跑可能會因為強度不高而讓人有緩和的假象，實際上卻容易不小心跑過了頭，產生過度使用的傷害。肌力訓練本身因為沒有競爭的成分，只有跟自己過去的紀錄作長期的比較，每個人都可以按照自己的步調，且所有的動作都講究人體自然動作，對於次數組數和頻率及強度，都有很細膩的規範，所以安全性高得多。

而且，即使肌力訓練仍然有可能因為操作不當而發生錯誤，但是相較於放任身體老化退化，或是在無肌力訓練的情況下就投入競賽，這種「不訓練風險」其實比肌力訓練的風險要大得多。

當然，有很多運動號稱風險比肌力訓練還要小，例如一次只要幾下的伸展，或是一天只要兩分鐘的某些簡單動作，或是單純累積多一點日常生活的活動時間，這些運動方式當然更安全，但是如此安全的代價是這種運動效果十分微小，或更具體來說，這些運動在長期增進肌肉和骨質強度，以及提升運動表現方面的效益幾乎不存在，效果與肌力訓練不可同日而語。

「正確」的肌力訓練雖然風險很低，但是「錯誤」的肌力訓練卻往往造成許多不必要的受傷和退步，許多低估訓練難度的訓練者，在參與肌力訓練一段時間之後，不只沒有練出什麼可觀的肌力，反而還比坐在家裡休息的人多了不少受傷的機會，

簡直得不償失，因此我們必須要探討，如何可以提高肌力訓練的安全性，同時也提高肌力訓練的效益。

前面花了不少篇幅說明的「中軸穩定，四肢發力」原理，不但是用力的重點，其實也是安全的重點。我們會在訓練中盡可能遵循這樣的原則，例如，駝背硬舉的姿勢，相較於保持中立腰椎姿勢來說，是風險比較大的姿勢，即使有些人因為身材結構的關係，對於駝背的容忍度比較大，但是我們還是會盡可能要求訓練者應該要保持中立的腰椎，以免在長期的訓練中不小心受傷。

基於相同的原則，我們會認為腰椎是一個需要提高穩定性的身體結構，因此應盡量避免使用會直接增加腰椎活動度的動作，例如直接針對腰椎的伸展動作，或是需要彎曲或扭轉腰椎的肌力訓練動作（如仰臥起坐）。換言之，只要在訓練上有過高的風險，我們就會去尋求替代的訓練方式。低風險的訓練原則，讓我們在肌力訓練的課程裡，會依循著「中軸穩定、四肢發力」的原則來設計絕大多數的訓練項目。

人體自然動作原則

　　人體自然動作原則，指的是訓練所使用的動作，要盡可能符合人體「原廠內建」的功能性，根據訓練動作大小的分類，訓練的動作大致可以分為三個等級：人體自然動作模式訓練、人體自然動作元素訓練，以及人體自然動作肌群訓練。

　　「人體自然動作模式訓練」指的是用「完整」的人體自然動作來訓練，例如跨步、髖屈伸、深蹲、登階、行走、轉身、爬行，以及上肢的多方向推與拉等等，這些動作又稱為「功能性動作」，亦即這些動作在實際的生活、生存或競技裡有直接的應用價值，比方說，髖屈伸的代表動作是硬舉，而硬舉也剛好就是日常生活中從地上拉起重物的動作，因此硬舉的訓練與日常生活中的差異，只有舉起的物體形狀大小的差異，在動作形態上並無顯著的不同（雖然「功能性」這三個字的定義至今仍然相當混亂，但我們姑且取其最簡單的意思，就是「符合人體功能的訓練」，或是「有應用價值」「有遷移效果」的訓練，謂之功能性訓練，此處的功能性訓練非指大量的不穩定表面訓練，也不是用專項動作直接負重的訓練）。

　　第二個訓練動作的分級是「人體自然動作元素訓練」，人體自然動作元素的意思是有些動作或許並不是日常生活中常見的動作，可能只是完整動作的一部分，或是只是執行了與完整動作相同的動作元素。舉例來說，俯臥舉腿是一個伸髖動作，這個動作具有與硬舉或髖屈伸相同的動作元素，但是在競技運動或日常生活中鮮少會有仰臥姿勢的舉腿動作，需要在特殊器材上操作，因此相較於完整動作，這個動作比較缺乏所謂的應用性或功能性。不過，不具備功能性不表示這是無用的動作，因為這個動作強化了完整動作的關鍵元素（也就是「動髖不動腰」的能力），所以其訓練效果可以增益完整動作的訓練效果，如果運用得當，會是課表裡重要的一環。

　　第三個訓練動作的分級是「人體自然動作肌群訓練」，人體自然動作肌群指的

是針對肌肉所做的訓練，解釋到這裡可能有人開始有疑問了：針對肌肉不就是傳統的健美式訓練嗎？何必在前面硬要冠上人體自然動作的頭銜呢？這仍然是有一些些差別的。

　　當我們用完整動作做了主要的訓練，再利用人體自然動作元素去補強，剩下還需要「補洞」的部分，才會考慮到局部的肌肉力量訓練。也就是說，以提升人體運動能力爲目的的肌力訓練，要盡量循著功能性的光譜，優先選擇高功能性的動作，接著再尋求功能性較低的動作。

　　不過，即使最終必須要針對單一部位的肌肉作補強，也會盡量以人體自然動作爲之。舉例來說，如果在已經做了划船和引體向上之後，仍然想要強化手臂二頭肌，我們會優先選擇站姿二頭肌彎舉，而非手臂有支撐的器械式二頭肌彎舉，原因不是因爲這兩個動作對二頭肌的訓練效果有什麼巨大的差異，從一個不考慮線條，純粹針對手臂力量的角度來看，兩個動作的效果應該相當接近。但是，站姿二頭肌彎舉可以同時考驗軀幹和核心穩定性，所以除非訓練者的核心穩定性有重大問題，以至於會限制站姿二頭肌彎舉訓練，否則站姿的訓練會比較優先被選擇。

　　用以上的分類主要是爲了增進對動作的理解，不是在排斥任何動作，事實上，除非動作本身會直接導致過高的風險，否則動作沒有對錯。器械式訓練、自由重量訓練、徒手訓練或非傳統訓練都有其發揮作用的時機，任何動作只要用對時機，都可以增進運動表現。

3

特殊變化度原則

　　這是一個很拗口的名詞，要解釋「特殊變化度」原則，必須要先理解何謂「特殊性原則」。特殊性原則指的是每一個訓練都會有每一個訓練專有的效果。舉例來說，如果要提升下肢三關節伸展（triple extension）的力量，深蹲就是一個好的選項，但臥推就不是，雖然這兩者都可以變成很重的大重量訓練，但是深蹲直接包含了下肢三關節伸展的動作形態，至於臥推，雖然也會用到下肢，但幫助發力時的用力形態與三關節伸展不盡相同。

　　了解了特殊性的意義，接下來解釋特殊變化度。所謂特殊變化度的意思是，在訓練同一種特殊動作形態時，使用了多種不同的變化動作。舉例來說，訓練深蹲的動作形態時，可以利用傳統深蹲、高箱蹲、低箱蹲、寬蹲、窄蹲、彎槓深蹲、安全槓深蹲、分腿蹲、側蹲、後腳抬高蹲、前蹲、前抱式深蹲、彈力帶深蹲、鐵鍊蹲、腰帶蹲、握把蹲等等。這些動作都訓練到了深蹲的動作形態，但是也加入了其他不同的元素。

　　加入其他元素的程度大小有別，簡單的改變如寬蹲和窄蹲，只是腳步站距的小小變化（但就可能會有很不同的感受和效果），複雜的改變如箱上蹲和握把蹲，加入了傳統深蹲裡不會出現的支撐，使得動作的難度和效果變得非常不一樣。這種訓練方式在前蘇聯相當盛行，在美國則是由路易・西蒙斯（Louie Simmons）領軍的「西岸槓鈴」（Westside Barbell）將這種方式在西方社會發揚光大。

　　這些或大或小的變化，其實並不是爲改變而改變，也不單單是爲了避免讓訓練變得枯燥乏味，這背後其實有著很重要的意義。在長期的訓練裡，人人難免都會遇到一些瓶頸，瓶頸發生的原因雖然很多，但是其中兩個很重要的原因就是對單一動作形態的倦怠，以及身體局部的過度訓練，這兩個問題都可以用變化動作來解決。

　　使用變化動作可能會讓身體覺得自己正在做一個截然不同的動作，讓身體對外來壓力的適應性不至於停滯，也可以透過不同的變化動作避開局部的過度訓練。例如傳統深蹲做久了，可能會產生下背疲勞，此時縱然臀肌和腿肌還有力量，但是因為下背疲勞的關係，無法繼續實施有效的訓練，此時若採用脊椎壓力較小的後腳抬高蹲來繼續訓練，則可以讓下背肌群得到充分的恢復（因為不對稱動作使用的體外重量較小），又可讓下肢持續超負荷。

　　許多人面對特殊變化性的時候，都會有一種疑慮，就是如果我們想要讓傳統的直槓背蹲舉進步，花大把時間做那麼多其他的訓練有幫助嗎？這個問題必須從兩個層次來探討，從最基本的層次，雖然如果要讓傳統的直槓背蹲舉進步，最直接的方法就是使用傳統的直槓背蹲舉，但是，有長期訓練經驗的人都知道，除非一個動作還在尚未純熟的學習階段，否則不斷使用同一種動作訓練，很快就會遇到瓶頸，即使我們堅持不換動作，而採取調整課表或促進恢復的手段，這仍然是一個非常艱苦的過程，姑且不論訓練過程的枯燥和心理壓力，光是處理慢性下背痛或是肩關節損傷，就已經是許多訓練者的惡夢。

　　在訓練中或多或少引入一些變化動作，可以讓身體在避開反反覆覆的局部損傷的情況下，還能夠持續對身體施予有意義的壓力，間隔一段時間後適時的換回傳統直槓背蹲舉，能幫助人更安全地達到長期的進步。

　　從另一個更宏觀的層次來看，肌力及體能訓練的設計其目的是提升人體運動表現，不僅僅是提高某一種舉重或健力動作的成績。回想所有的非健力選手，當初訓練直槓背蹲舉的原因是什麼？原因不外乎，想要跑快一點，想要跳高一點，想要變強壯，想要長更多肌肉，想要更有力量，背蹲舉是達到這些目的的方法之一，而不是訓練的目的本身，從追求純粹的力量演變成追求某種特定動作的數字，是一種喧賓奪主的作法。

　　對於健力選手來說，如果在一堆變化動作裡進步，但是在比賽的動作裡沒進步，這很可能代表著訓練計畫的失敗，但是，今天將議題轉換成非舉重或健力的競技運動員，我們就會發現，如果一位競技運動員的直槓背蹲舉暫時沒有進步，但是後腳抬高蹲進步，握把式深蹲進步，鐵鍊高箱蹲也進步，「並且提高了運動表現」，則這位運動員的訓練計畫已經完美成功，直槓背蹲舉是否同時進步其實已經不是首要的問題。

　　這樣的觀點其實會讓許多人不安，畢竟許多名家學者教練都會以傳統直槓背蹲舉來當作一個人是否強壯的黃金指標，因此，背蹲舉的進步與否一直是許多教練的心病，無法輕易釋懷。就讓我們進一步討論這個議題，首先，我們要先知道，探討背蹲舉以外的肌力訓練指標，不代表一個人的背蹲舉可以超級爛，一般常見的「兩倍體重背蹲舉」是一個不錯的參考指標，從現實經驗裡得知，許多強壯的運動員例如優秀的橄欖球選手的背蹲舉通常在1.7-1.9倍體重左右（這些是身材比較大的運動員，如果體重更輕的，倍數會較大），也有許多超過2倍體重，要知道這些是具有高水準運動表現的運動員，他們絕大多數的時間用來訓練運動競技，而非如同舉重和健力選手，把肌力訓練當成專項運動。2倍體重背蹲舉的意義在於，在達到2倍體重之前，肌力與爆發力是同步提升的。超過體重2倍以上，肌力的進步已不足以帶動爆發力的進步，需要更多爆發力訓練。而對大多數運動員來說，大約2倍體重的背蹲舉可以讓他們有優異的運動表現。

　　除此之外，學者相信如果這些運動員的肌力再更進步，運動表現應該還會再更提高，只不過，要將一個已經很強壯的運動員變得更強壯，需要花費大量的時間，肌力訓練和專項技術會競爭有限的訓練時間和精力，因此許多人在肌力「夠用了」之後，逐漸把訓練的焦點轉向刁鑽的技術戰術，肌力只要夠用就好。對許多專業人士來說，「肌力只要夠用就好」指的是那些體重大約在100公斤左右，而蹲舉通常超過200公斤的強壯運動員，他們跑得快，跳得也高，同時也具備了非常優異的運動技術。反之，一個人如果肌力非常糟糕，就不適用「夠用就好」的概念。

　　不過，背蹲舉之所以很重要，是因為背蹲舉背後代表的意義是「全面性的強壯」，但是在運動場上測量的不是背蹲舉，而是全身性的肌力，日常生活裡測量的也不是背蹲舉，而是骨骼和肌肉的生理功能，因此任何可以代表全身性肌力的肌力訓練動作，其實都可以當作指標，或者是說，其實沒有任何一個肌力訓練動作可以當作唯一的指標。這讓肌力訓練和肌力水準的判別標準有了大量的新的可能性。

　　這樣的說法看似膽大妄為，但是仔細想想，無論是什麼動作，在一個技術已經熟悉的情況下，是什麼東西讓一個動作越舉越重？沒錯，是肌力。試想，特殊性變化動作，指的是能夠刺激相同能力的不同動作，這些動作雖然有些微的差異，甚至是不小的差異，但是本質上是在訓練同一種人體運動能力，例如前面舉例過長達兩行文字的「傳統深蹲、高箱蹲、低箱蹲、寬蹲、窄蹲、彎槓深蹲、安全槓深蹲、分腿蹲、側蹲、後腳抬高蹲、前蹲、前抱式深蹲、彈力帶深蹲、鐵鍊蹲、腰帶蹲、握把蹲」等等動作，其實主要的應用價值都在同一個能力，就是下肢三關節伸展的能

力，次要的應用價值方面，我們可以發現深蹲包含了「平衡大重量在肩上的能力」，箱蹲系列動作包含了「靜態姿勢啟動的能力」，後腳抬高蹲包含了「單腳支撐能力」，握把式深蹲包含了「手腳協調能力」，鐵鍊蹲和彈力帶蹲包含了「對抗變動強度及利用關節角度特殊性」的能力，而直槓、彎槓、安全槓、前蹲舉、前抱式深蹲等等動作，則是包含了不同的「上肢控制能力」「姿勢平衡能力」，以及不同的「軀幹負重能力」。

　　總而言之，如果我們在競技場上需要的是三關節伸展力，傳統直槓背蹲舉真的只是其中一種訓練動作而已，直槓背蹲舉不能太差，但直槓背蹲舉也不是下肢肌力訓練的全部，從更宏觀的角度來看，運動員需要的肌力通常都是多方向的，無論是開放式還是封閉式的項目，用力的方向都比單單一個背蹲舉還多元，前面所述的那些變化動作的特性，都變成了多元肌力的效益。

　　理解了低風險原則、人體自然動作原則和特殊變化度原則之後，接下來進一步探討針對動作和針對肌肉的訓練差異。

CHAPTER 3

針對動作和針對肌群的訓練

肌力訓練是讓身體透過負重而產生肌肉、骨質、神經系統和能量系統向上適應的過程，從最基本的角度來看，以任何形式扛起重量都可以算是一種重量訓練。不過，因為扛起重量造成的效果其實分為很多層面，所以，針對這些不同的層面進行討論，有助於理解動作選擇的基本原則。肌力訓練的動作選擇最常見的兩大依據，是針對「動作」進行訓練，以及針對「肌肉」進行訓練。這兩種思維並不是對立的，事實上在規劃課表的時候，兩種思維都有其出現的時機，以下將探討這兩種訓練思維的一些相關議題，如此有助於在規劃課表時做出效益較高的選擇。

針對動作的訓練

　　雖然肌力這兩個字的定義是肌肉力量的意思，但在真實世界裡，肌力永遠出現在某種動作當中，我們常說的最大肌力，其實都是根據特定動作來判斷，例如深蹲最大肌力、硬舉最大肌力、肩推最大肌力或臥推最大肌力等。

　　從動作的角度看肌力，除了關注個別肌肉的力量，更關注了肌群間協調用力的能力，而我們知道，肌力訓練所使用的動作與真實世界裡或運動場上用力的方式越接近，越容易發生遷移效果。偏偏並不是所有真實世界或運動場上的動作都適合拿來做肌力訓練，一個動作要能夠拿來做重量訓練的前提，是這個動作必須有足夠的「負重潛力」，才足以進行長期的漸進式超負荷訓練。

　　所謂的負重潛力，指的是這些動作在承載重量之後，原本的動作形態是否可以大致不變。舉例來說，背蹲舉這個動作，從空槓到負重200公斤，如果力量足夠，其動作形態是完全相同的，不會因為加重而更改下蹲的姿勢或站起來的方式。如果力量不足，動作可能會經歷一些微幅變動，但接著很快就會自然終止，不會一直持續進行且變化成其他動作。

　　許多運動場上或生活上用力的動作都缺乏夠大的負重潛力，投擲就是一例，投擲雖然是一個自然動作，而且也廣泛出現在運動場上和日常生活裡，但是投擲的負重潛力相當低，負重稍微增加就可能自動轉換成其他類型的投球姿勢。例如：一個棒球選手可以用制式的棒球來練習投擲，當換成使用壘球來練投擲時，動作形態大致接近，但是當換成鉛球的時候，顯然已經無法以相同的動作進行訓練，但是投擲的動作不會就此終止，而是會直接轉換成其他投擲動作。這種稍微提高重量動作便走樣的現象，顯示投擲的負重潛力相當受限。

　　許多人可能會有一個疑問，認為就算是負重潛力有限，在有限的範圍裡增加一點點重量難道就不算是重量訓練了嗎？從一個大約150公克的棒球，改成一個大約200公克的壘球，不仍然算是超負荷嗎？的確，投擲一個比正規棒球稍微重一點的球，的確可以讓投手的神經系統產生一些適應，當用回正常的150公克棒球時，身體可能會因為神經系統剛剛被「活化」過，所以投擲起來感到相對輕鬆，但這僅止於非常小範圍的適應。

　　肌力訓練著眼的是長達數年的最大肌力適應，一個初學者剛學會深蹲時使用的重量可能是40公斤，但是經過3年的訓練，可能會蹲到180公斤，這背後代表的意義除了力量變大之外，更重要的是身體素質的向上適應，一個完全相同的深蹲動作，背負的重量從40公斤變成180公斤，過程中動作形態完全一樣，顯示「吃下」這一百多公斤進步的是身體的結構和功能。更精確地說，是肌肉量、神經系統控制力及骨骼強度進步的綜合效果。換句話說，之所以要選擇進步幅度比較大的動作，並不是為了虛榮或有趣，而是進步幅度越長的動作，越有潛力誘發人體脫胎換骨的進步效果。

　　雖然肌力訓練動作跟真實世界或運動場上的動作越像，肌力的遷移效果越好，但是如果缺乏夠長的進步幅度，身體得不到該有的向上適應效果，結果充其量只是得到另一個動作學習的過程而已。而這個習得的動作如果跟真實世界或運動場上的動作又不太相同的話，動作學習也就不再有效益。這種「不夠像又不夠重」的現象，往往導致兩處撲空的窘境。

　　能夠最有效提高肌力且能將進步效果應用在真實世界裡的動作，是「有負重潛力的人體自然動作」，目前已知有足夠負重潛力的人體自然動作有幾類：上肢方面包含了水平推、水平拉、垂直推、垂直拉，下肢方面則是三關節伸展（髖關節、膝關節和踝關節同時伸展的用力方式），三關節伸展則是以髖主導（硬舉系列）和膝主導（深蹲系列）構成的連續動作光譜，此外，還有「單腳支撐、重心轉換」特性的負重行走，以及變換用力方向的轉體動作。

　　針對動作訓練的方式被認為具有最大的效益，因為除了具備強化動作本身力量的效益之外，參與的肌群力量也會有大幅度的提升，而在這力量提升的過程當中，肌肥大現象可以成為肌力進步的一個副產品。換言之，針對動作的訓練其實也具備了針對肌肉的訓練效果。這並不表示肌肥大現象只能用大肌群多關節的人體自然動作來達成，仍有其他許多方式可以刺激肌肉產生肌肥大，但就像是均衡飲食一樣，

如果訓練的「主項目」選擇夠均衡，通常可以涵蓋絕大多數的肌群，如果仍有疏漏，或是有些肌肉的發展不如預期，在主項目之外增加一些輔助或補強的動作便可以改善。

針對動作的訓練方式也可以提升一些軟組織（肌腱、韌帶、筋膜）的強韌度，筋膜是包覆肌纖維的堅韌組織，筋膜在肌肉的端點匯聚成肌腱，最終連接到骨骼，成為肌肉拉動骨骼的橋梁，從這樣的角度來看，漸進式超負荷的肌力訓練，其實也同時讓筋膜和肌腱練習承受力量。韌帶是骨骼相連的中間組織，在動作中扮演了穩定關節的角色，用有負重潛力的人體自然動作進行訓練時，關節的移動是順著關節自然的活動方向發生，在這過程當中韌帶會跟著整個動作對抗外在阻力，因此也會獲得一些強化的效果。

總而言之，訓練過程中若選擇有負重潛力的人體自然動作，則可以同時兼具最大肌力和肌肉生長的效應，對於骨骼、關節和各種軟組織也會帶來顯著的附加價值。

針對肌肉的訓練

　　如前面所述,針對「動作」所做的訓練其實已經提供大多數針對肌肉的訓練,大肌群多關節的動作可以承載「量級」較大的體外負重,較大的體外負重在經驗上可以啟動較佳的肌肥大效應,對於沒有訓練經驗的初學者來說,臥推所能夠產生的胸部、肩膀和手臂的增肌效果,會顯著大於將胸肌、三角肌、斜方肌、二頭肌和三頭肌分別各自以單關節的方式進行訓練所達到的效果。不過,對於已經充分取得大肌群多關節訓練效益的進階者來說,如果想要更佳的增肌效果,繼續進行「更大量的大動作」不一定能帶來更多效益,甚至可能會提高過度訓練的風險,此時就可以增加以增肌為目標的輔助訓練或補強訓練。

　　這是一個很容易產生混淆的觀念,許多人看到長期訓練的健身者用大量單關節小肌群訓練來幫助增肌,誤以為那些碩大的肌肉是單靠這些分部位訓練造成的功效,忽略了這些人通常都已經做足了大肌群多關節動作的事實,所以在此必須特別強調,以下所介紹的增肌訓練原則,是以「已經有大肌群多關節訓練」為大前提所做的討論。

　　大肌群多關節的訓練思維,跟集中壓力於單一肌肉的思維很不一樣,這可以從一個訓練實務現場常聽到的名詞:「mind muscle connection」(感受度)來看出端倪。「感受度」指的是訓練者在做動作的過程當中,對於目標肌群用力的主觀感受,許多人對感受度有著高度的依賴,甚至會擔心訓練過程中如果沒有感受度,可能就沒有訓練效果。這裡並不是說強調感受度有什麼錯誤,感受度對於維持動作標準性及提升訓練專注力來說是很有效益的,這裡主要想要表達的是,感受度是一個「以肌肉為訓練目標」的產物,因為對於大肌群多關節的動作來說,訓練者專注的是整體的「力量感」,而非單一肌肉的感受度。

舉例來說，當訓練者做低槓式背蹲舉的時候，注意力會集中在如何舉起槓鈴，尤其是槓鈴很重的時候，此時專注於股四頭肌有沒有用力、臀肌有沒有用力、腿後肌有沒有用力，其實意義不大，這並不表示深蹲練不到股四頭肌、臀肌或腿後肌，因爲只要用力蹲起背上的槓，這些肌群都一定會用力參與，這裡主要想強調的是，對於大肌群多關節動作來說，用標準動作舉起重量是首要任務。

在大肌群多關節動作的架構下，如果對訓練的效果不滿意，或是想要加強特定肌群，一個有效的策略是變換動作（例如：暫時不使用背蹲舉訓練全部下肢肌群，改用前蹲舉強化股四頭肌，用RDL強化腿肌和臀肌），然後繼續專注於舉起槓鈴的力量感，而不是在原本的動作裡「用力想」特定的部位或肌群。換言之，對於大肌群多關節的訓練來說，只要選擇的動作可以涵蓋訓練的目標肌群，訓練時致力於發揮力量，就可以達到肌肥大的訓練效果，無需刻意專注於特定部位去尋找感受度。

但對於小肌群或單關節訓練來說，情況會略有不同。小肌群單關節的訓練如果不專注於收縮目標肌群，身體有可能會產生代償，也就是由其他部位產生動作，舉例來說，做一個手臂二頭肌彎舉動作，如果不專注於二頭肌收縮，只致力於把重量舉起來，身體可能會藉由搖晃身體、動肩膀甚至動腳來幫助完成動作，除非訓練者原本就想練「借力彎舉」（其實也是一個不錯的動作，只是目的跟一般二頭肌彎舉不一樣），否則這些多餘的動作可能會減少目標肌肉（手臂二頭肌）的參與。

由此可知，針對肌肉的訓練其實跟針對動作的訓練有很大的差異，針對肌肉的訓練在訓練過程中並不太在意整體動作的最大力量是否得到發揮，反之，這種訓練是專注於目標肌群。除了健美選手之外，對於眞實世界當中是要用肌力來完成各種任務或運動表現的人來說，針對動作的訓練效益是比較高的。但是，很多時候針對動作的肌力訓練方式可能會因爲一些特定的肌肉力量不足，導致整體動作的力量受限，或是想要增加更多的肌肉質量，但主項目的效益已經達到瓶頸，此時就會需要增加一些「針對肌肉的訓練」。這種動作在課表當中通常是「輔助動作」或者是「補強動作」，目的是在突破主項目的限制，或是協助主項目的進步。

針對肌肉訓練的補強動作原則

接下來探討選擇針對肌肉做訓練的補強動作的原則。目前已知的增肌機制是讓

肌肉承受「機械性張力」「代謝性壓力」和「肌纖維損傷」，因此以增肌爲目標的補強動作，必須能盡量讓目標肌群承受張力、盡量徵召各種肌纖維、製造適當的細微損傷、避免關節或軟組織不當的破壞，同時能有足夠的漸進性超負荷模式。要達到這些目的，肌肥大的輔助訓練項目的選擇可以有以下原則：

第一是**有清楚的目標肌群**，大肌群多關節動作通常無法明確針對特定肌群，因爲這些動作涵蓋的肌群遍及全身，而任何一個肌群都有可能是表現限制因素，也有可能目前不是。舉例來說，同樣一個背蹲舉，一個訓練者目前可能是股四頭肌最弱，所以目前的訓練會以股四頭肌受到的刺激最大，進步也最多，但是臀肌、腿後肌、小腿肌群或軀幹肌群可能都處於非最大用力的狀態。但另一個訓練者的表現限制因素可能是核心穩定性，也就是說，這位訓練者目前深蹲的最大重量並不受限於下肢肌群或臀部肌群，所以這些肌群可能在背蹲舉得不到最佳的鍛鍊效果。綜合以上來看，背蹲舉就不會是一個目標肌群很確定的動作。相反的，單腳RDL可以明確針對腿後肌和臀肌，二頭肌彎舉可以明確針對手臂二頭肌，法式推舉可以明確針對手臂三頭肌等，這些都是目標肌群明確的例子。當選擇補強動作時，通常就是有特定的肌群需要加強，此時選擇目標肌群較明確的動作會有較高的效益。

第二是**選擇適當的動作幅度**，肌肥大的定義是肌纖維數量不變但體積變大，但肌纖維內部的肌節（sarcomere）數量會增加，增加的肌節會以「串聯」或「並聯」的方式與原本的肌節相連。串聯型肌節增生（serial sarcomere hypertrophy）指的是新產生的肌節以縱向連續的方式增加，使得肌纖維的長度變長，與之相對的是並聯型肌節增生（parallel sarcomere hypertrophy），新生的肌節圍繞在舊的肌節外緣，使肌纖維的橫截面積增大。值得注意的是，串聯和並聯型肌節增生通常在訓練過程中兩者都會發生，不容易藉由特定訓練方式單獨誘發其中一種，但選擇不同的動作幅度可以影響這兩種肌節增生形式的比例。

將肌肉「在負重過程中刻意拉長」可以透過一個稱爲stretch mediated hypertrophy（伸展中介型肌肥大）的機制製造肌肥大。當肌肉在負重過程中被拉長（亦即負重的離心階段），會增加運動單位的徵召，也會有較多的肌纖維損傷，因此會有明顯的肌肥大效果出現。當伸展的程度夠大時，可能會提高「串聯型肌節增生」的現象。串聯型肌節增生可以增大動作幅度，對於需要大動作幅度或爆發力的項目有幫助。此外，要刻意拉長肌肉，並不一定要每次都走完動作全程，讓肌肉在延長的狀態反覆收縮（lengthened partial），也可以產生類似的效果。

在肌肉長度較短的狀態下反覆收縮，可能可以誘發較多的「並聯型肌節增生」，肌肉的維度會顯著變大，製造出粗壯的外觀，對於最大肌力也會有顯著的幫助，但在動作幅度方面並不會有所提升，在比較極端的例子裡，在縮短的範圍裡反覆訓練甚至有可能縮小關節的動作幅度，或是降低動作速度，這也就是為什麼過去有些人認為肌力訓練會讓運動員動作變得僵硬且遲緩，其實不同的肌力訓練對於肌肥大的形態有著不同的影響，應選擇適當的訓練方式，而非全面否定肌力訓練。

肌肥大訓練動作的第三個原則是**要有適當的「刺激疲勞比例」**（Stimulus-to-Fatigue Ratio, SFR），這個概念是由麥克・伊斯拉特（Mike Israetel）博士所推廣，所謂的刺激疲勞比例，指的是一個動作所造成的肌肥大刺激，以及其所帶來的訓練疲勞之間的比例關係，這個概念主要著眼於：若想要產生肌肥大的效果，就必須對肌肉施予有效的刺激，但是肌力訓練的過程中難免帶來疲勞，如果一個訓練的刺激雖然有效，但帶來過多的疲勞，那會讓訓練無法長期持續進行，肌肉生長是一個長期的過程，無法持續的訓練也就無法得到夠好的效果，因此，衡量一個動作的刺激疲勞比例對肌肥大來說是相當重要的。

前面提過，大肌群多關節大重量動作會帶來大量的肌肉生長效果，但是大肌群多關節的動作未必有夠好的刺激疲勞比例，這也就是為什麼大肌群多關節的動作通常無法以較高的頻率出現在課表裡，尤其是以肌肥大為目標的時候，通常會需要做到接近力竭。雖然一個人能承受的訓練頻率有很大的個別差異，但一週四次接近力竭的深蹲硬舉訓練對於多數訓練者來說可能是非常吃力的。如果能降低深蹲硬舉的比例，改以一些刺激相同肌群但疲勞較低的補強動作，則可以突破這個限制。

有些時候刺激疲勞比例的觀念也牽涉到關節壓力，關節通常恢復得比肌肉慢，因此有些時候刺激了肌肉，卻在關節留下過多的疲勞。舉例來說，深蹲雖然對腿部肌群有非常高效的刺激，但同時也對下肢關節造成很大的壓力，而硬舉雖然能對後側鏈的肌群提供非常強的刺激，但同時也對腰椎造成很大的壓力。高頻率的深蹲和硬舉，加上每組都做到接近力竭的訓練方式，即便肌肉能夠快速恢復，關節的細微損傷也可能無法及時恢復，連續的訓練可能會造成關節累積性的勞損，這也是為什麼對大多數人來說，大肌群多關節動作無法高頻率出現於增肌課表。

雖然在訓練初期大肌群多關節的大重量動作可以帶來明顯的增肌效應，但是隨著肌肉量的上升，原有的訓練量可能會越來越不足以驅動肌肉生長，此時如果用相同的動作增加更多的訓練量，可能會導致過度訓練。因此，尋找刺激疲勞比例合宜

的補強動作便是一個重要的訓練手段。刺激疲勞比例合宜的補強動作可以在不大幅增加疲勞的狀況下，大幅提高刺激，讓身體再次想要增加肌肉量。

談到這裡，或許你會希望知道「高刺激低疲勞」的訓練動作到底有哪些？能不能直接列出一張清單，大家照表操作就好？可惜這並不容易做到，因為「刺激疲勞比例」這件事其實有著相當高的「個別化」，每個人的身材結構和肌肉分布並不相同，關節的強弱也不同，同樣的動作對於不同訓練者來說可能有著不同的刺激疲勞比例，因此必須經過個別化的嘗試才知道哪個動作適合自己。

訓練者在訓練的過程中應監控自身的感受，一個補強動作如果讓目標肌群無感，但牽動的關節卻疼痛不堪，顯然這不會是一個刺激疲勞比例夠高的動作，但如果一個動作可以讓目標肌群盡情用力，而且一兩日之後（甚至更短）便卽恢復，則很可能是一個現階段的好選項。

之所以說是現階段，是因爲隨著訓練年資的增長，身體會產生大幅度的改變，每個動作的刺激疲勞比例也會逐漸改變，過去很不適合的動作可能變得適合，過去很適合的動作可能變得不適合，與其尋找一本武功秘笈照練，不如學會關注自身對訓練的反應。

綜合以上所述，除了用大肌群多關節的大重量動作帶來主要的增肌效果之外，針對需要補強的目標肌群選擇適當的動作、選擇適當的動作幅度，以及辨識目前對自己來說刺激疲勞比例合宜的動作，是尋找補強動作的重要原則。

大小原理及其爭議

　　如何選擇適合的訓練強度是一個複雜的議題，而與這個議題相關的一個理論是「運動單位徵召的大小原理」（size principle）。艾爾伍德・海尼曼（Elwood Henneman）在1950年代提出，這是肌力訓練裡經常被引述的理論，其受重視的程度不亞於一般適應症候群。關於運動單位徵召的大小原理簡述如下：

　　▶所謂的運動單位，指的是一條神經和其所支配的肌纖維，由於肌纖維有各種不同類型（快縮肌纖維、慢縮肌纖維及各種亞型），因此構成了不同性質的運動單位。

　　▶同一個運動單位的肌纖維都是同類型的，並且遵守「全有全無定律」，意思是當神經訊號傳來時，同一個運動單位裡的所有肌纖維都會完全收縮，不會只有一半的肌纖維收縮，也不會全部一起但只用一半的力量收縮。只要神經訊號來臨，同一個運動單位的肌纖維就是全數且全力收縮。

　　▶運動單位依其組成特性有大小之分。

　　▶小運動單位通常由慢縮肌纖維組成，徵召閾值較低，肌力較小，耐力較佳，適合精細動作或耐力動作。

　　▶大運動單位通常由快縮肌纖維組成，徵召閾值較高，肌力較大，耐力較差，適合大肌力或爆發力動作。

　　▶有兩個跟神經系統有關的因素可以影響肌力的大小，一個是神經系統的發放率（Firing rate，也稱作rate coding），另一個則是運動單位徵召的數量。

　　▶神經系統的發放率指的是，當神經訊號的釋放頻率提高時，肌力的產出會增加。

▶運動單位徵召數量指的是，同時徵召的運動單位越多，肌肉收縮的力量越大。

▶海尼曼所提出的大小原理認為，運動單位在被徵召時依循著某種順序性，簡單來說，會先從小運動單位開始徵召，小運動單位力量不足以對抗外力時，才會徵召到大運動單位。

▶人體沒有辦法自主擴大徵召運動單位，唯有在「必要時」才會，這也就是為什麼需要重量訓練，因為在對抗大的重量時，才有必要擴大徵召運動單位，讓更多運動單位得到訓練。

▶長期未被徵召的運動單位可能會退化、萎縮甚至消失，肌少症的患者通常流失的是快縮肌纖維，因為在一般情況下快縮肌纖維比較難被徵召。

▶要徵召到快縮肌纖維，最主要的方法是盡可能練習對抗最大的阻力。

▶另一個徵召快縮肌纖維的方式，是做高速度的動作。

運動單位徵召理論給了肌力訓練相當重要的啟示，不過幾十年後的今天，學術圈仍然存在著不少爭議，其中一個爭議跟「增肌訓練」非常有關係，就是「低強度力竭式的訓練，能否徵召到高閾值的運動單位？」關於這個問題，學術上的爭議限於篇幅無法盡述，僅整理常見的四種說法，用不學術的方式簡述如下：

▶第一種說法：運動單位的參與數量在動作啟動當下就已經決定，即便做到力竭，也只是一開始有參與的運動單位發生力竭，不會徵召更多運動單位。

▶第二種說法：運動單位的參與數量並非在啟動當下就決定，隨著首批參與動作的運動單位逐漸接近力竭，如果尚有相同閾值的運動單位沒有參加動作，則可以用「輪休」的方式替補進去，繼續參與動作，所以低強度力竭式的訓練可以把相同閾值的運動單位都訓練到。

▶第三種說法：運動單位的參加數量並非在啟動當下就決定，隨著初期參與的運動單位逐漸力竭，更高閾值的運動單位會被逐步徵召，最終達到力竭時，大多數運動單位都已經參與。

▶第四種說法：運動單位的參加數量並非在啟動當下就決定，在超長距離耐力運動過程中，當慢縮肌纖維已經面臨能量枯竭時，快縮肌纖維會以模仿慢縮肌纖維的方式繼續運動。

以上四種說法都不一樣，不過歸納出一個比較重要的爭議是：「低強度訓練能否刺激快縮肌纖維？」

要回答這個問題並不容易，畢竟如前所述，學術上是有爭議的，但是在實務上卻有比較明顯的現象可以幫助推理。一個實務上的發現是，其實如果要以增肌為目標的話，使用5-30RM的強度區，做到接近力竭的程度，如果達到相似的組數，其實都有相似的增肌效果。舉例來說，5組5下接近力竭的增肌效果，跟5組25下接近力竭的增肌效果其實相當類似。

不過，當增肌效果類似時，最大肌力的提升效果是否也類似呢？答案卻是否定的，實務上的經驗發現，5組5下的最大肌力提升效果顯著大於5組25下，即便兩者可以達到類似的增肌效果。我們該如何解讀這個現象呢？有兩種說法可以考慮：

第一種說法：低強度高反覆跟高強度低反覆都可以提高增肌效果，但是低強度高反覆的增肌效果可能偏向慢縮肌纖維肥大，快縮肌纖維的增肌效果較小，反之，高強度低反覆的增肌效果可能偏向快縮肌纖維的肥大，慢縮肌纖維的增肌效果較小，因此才會在相同的增肌效果之下，產生不同的最大肌力進步。

第二種說法：最大肌力的進步除了需要足夠的肌肉量之外，神經系統的適應可能更重要，高強度低反覆的訓練有助於提升將運動單位徵召「同步化」，也就是在同一時間徵召，至於低強度高反覆訓練方面，就算假定低強度高反覆訓練可以徵召到快縮肌纖維，也不是在一個全體總動員的情況下徵召，因此對於最大肌力的幫助比較不顯著。

綜合以上，我們認爲可以安全地得出兩個結論：

當訓練目標是最大肌力時，盡量使用偏高強度的增肌訓練，尤其是使用那些直接跟最大肌力展現有關的動作時（臥推、深蹲、硬舉、肩推等）。當然，這不表示這些動作不該做低強度高反覆訓練，當訓練目標是肌耐力時，或是最大肌力暫時非首要目標時，用低強度高反覆做大肌群多關節動作訓練並無不妥，當訓練目標是盡可能提高總體肌肉量時，則所有強度區都應該訓練。這裡只是要強調，大肌群多關節動作是最大肌力展現的動作，高強度訓練有其直接的效益。

小肌群單關節動作，或是在課表上屬於補強性質的動作，可以採取中低強度高反覆接近力竭的訓練，這種作法有助於增肌，可以刺激一些在大動作中比較難練到的肌群，且這些動作通常不是直接用來展現最大肌力的功能性動作，因此訓練上可以採取較多的中低強度高反覆接近力竭的訓練模式。

以上是關於針對肌肉訓練的一些討論，接下來討論訓練的動作種類。訓練的動作繁多，難以盡述，但如前所述，針對動作的訓練可以有最高的主要效益，以下將優先討論常見的主要訓練動作類型，包括下肢推（蹲系列）、下肢拉（硬舉系列）、上肢水平推、上肢水平拉、上肢垂直推、上肢垂直拉。此外，還會針對轉體動作、負重行走以及違常姿勢訓練等議題進行討論。

MONSTER
Training

PART

2

肌力訓練的
動作類型

CHAPTER 4

下肢訓練

　　下肢訓練粗分爲下肢推和下肢拉，所謂的下肢推，就是蹲系列的動作，又稱爲「膝主導」動作，其特性就是有大幅度屈膝的動作（雖然通常同時也會有屈髖的動作，但是大幅度屈膝是其主要特色），所以深蹲也曾經被稱爲深屈膝（deep knee bend）。所謂的下肢拉，就是硬舉系列的動作，也稱爲髖主導動作，其特性是大幅度屈髖，但只有較小幅度的屈膝。

　　膝主導和髖主導動作其實不是涇渭分明的兩類動作，而是一個光譜的兩端。人體下肢用力的方式稱爲三關節伸展，三關節包括髖關節、膝關節和踝關節，這三個關節一起朝向伸直的方向用力時，可以產生巨大的力量，這力量除了是跑、跳、踢等下肢動作的主要力量來源，還可以透過身體結構的傳遞，增益投擲、揮拍、揮棒、揮拳等上肢動作的力量。

　　所以，下肢訓練在實務上習慣被分成兩類（下肢推、下肢拉），但本質上其實就是三關節伸展的訓練，只不過是利用光譜的兩端來當作分類的依據。爲什麼光譜的兩端會是膝主導和髖主導呢？我們發現當人體要垂直往上跳的時候，很自然會以大幅度屈膝又屈髖的方式往下蹲，然後用力伸展三關節，很像一個深蹲的過程。而當人體要往前跳時，很自然會在微屈膝的情況下大幅度屈髖，接著用力伸髖往前跳，很像一個直膝硬舉或羅馬尼亞式硬舉的過程。往上垂直跳的過程是膝主導，往前立定跳遠的過程是髖主導，而當我們又想往前又想往上的時候，就會依照目標區的距離和高度，調整屈膝屈髖的角度，而這過程裡的動作中，屈膝較多的像深蹲多一些，屈膝較少的像硬舉多一些，這也就是各種下肢推拉訓練的原型。如果我們把常見的動作依照屈膝幅度大小排列，應該會排出以下的光譜：

膝主導

前蹲舉 前抱式深蹲 酒杯式深蹲	高槓式 背蹲舉	低槓式 背蹲舉	六角槓半蹲 六角槓硬舉

相撲硬舉	傳統硬舉	直膝硬舉 羅馬尼亞式 硬舉	早安運動 可涵蓋各種 屈膝幅度

髖主導

前蹲舉

高槓式背蹲舉

前抱式深蹲

低槓式背蹲舉

酒杯式深蹲

六角槓半蹲／
六角槓硬舉

相撲硬舉

傳統硬舉

直膝硬舉／
羅馬尼亞式硬舉

早安運動（可涵蓋各種屈膝幅度）
窄站姿直膝早安運動　　　　　　　　　　窄站姿屈膝早安運動

寬站姿直膝早安運動　　　　　　　　　　寬站姿屈膝早安運動

　　於是我們會發現，傳統上分成兩類的深蹲和硬舉（如果早安運動系列獨立出來的話可能還會被分成三類），其實只是光譜上的一系列動作，而光譜的兩端是「下肢推」（膝主導）和「下肢拉」（髖主導）。實務上之所以區分下肢推和下肢拉，其實還是要回歸到「均衡飲食」的概念，因爲膝主導和髖主導訓練的肌群不盡相同，因此分成兩類比較不容易偏廢，如果發現缺失也比較容易補救，以下就先從下肢推系列動作開始討論。

1

下肢推系列（膝主導）

下肢推系列，或稱爲膝主導系列，傳統上這個系列都是以深蹲爲中心，再向外擴張成爲一系列的訓練系統，不過，前面已經提到，雖然蹲下是一個人體自然動作，是一個最能夠代表下肢「三關節伸展」的動作形態，這並不表示直槓背蹲舉就具有比其他蹲系列動作更高級的地位，所有蹲系列的動作都值得鍛鍊，所有蹲系列的進步都代表了下肢三關節伸展力的進步，且每個動作都蘊涵了不同的訓練意義。因此，以下的敘述順序並不代表動作的重要性。

蹲系列的動作最廣爲人知的便是直槓背蹲舉，槓鈴背蹲舉被許多人視爲重訓之王，因爲深蹲是一個全身性的動作，無論上肢、軀幹或下肢，在背蹲舉的過程裡都必須強力的參與，無論是以靜態的方式參與，或是以動態的方式參與。總之，幾乎沒有一條肌肉可以在這個動作裡置身事外。

長期深蹲的效益已經無須再證明，無論是直接增進運動表現，或是間接因爲深蹲帶來的強壯效益所避開的運動傷害，都是已經被大量證實過的。在某些較爲簡約的訓練學派裡，深蹲是主要甚至唯一的下肢訓練動作，其餘的都只能視爲輔助或是補強。

不過，深蹲主要需要注意的問題不在於效益，深蹲的效益有目共睹，深蹲很強的人都很強壯，這點基本上爭議不大，深蹲主要的問題在於訓練過程可能發生的傷害，以及肌力進步後的副作用。換言之，許多人在深蹲進步的過程同時也得到一些傷害，或是失去一些能力。以下讓我們先從傷害方面談起，才知道該如何在取得效果的同時，避免不想要的副作用。

從運動傷害議題了解深蹲

　　許多人在初期接觸深蹲的時候，都從直槓背蹲舉開始，這並沒有任何錯誤，但是許多人不知道自己只有非常有限的「耐受度」可以做直槓的背蹲舉，如果超過了，就會開始出現許多大大小小的損傷。知名體能教練麥克・波依爾（Mike Boyle）就曾提到，自己在年輕時期曾經當過健力選手，因此在擔任體能教練初期的時候，大量使用了背蹲舉當作強化運動員肌力的手段，但是，在累積了不少經驗之後，發現無論動作教學過程如何完善，無論訓練者的動作如何完美，總會有大約10-20%的人會產生各種形式的背痛，這些運動員都不是為了比健力而練蹲舉，因此如果深蹲進步了，身體卻留下疼痛，對運動表現的影響其實是負面的。最初麥克・波依爾採取的作法是捨棄背蹲舉，改做前蹲舉，讓運動員可以在比較直立的軀幹姿勢負重，且因為前蹲舉的力學角度較為不利，所能舉起的重量也比背蹲舉小了一些，因此在訓練下肢肌力的時候，既可以避免腰椎進入危險的前傾角度，又可以減輕壓在腰椎上方的重量。

　　但是，過沒多久他就發現，這樣的方式並沒有讓情況改善多少，於是他更進一步將前蹲舉也從訓練課表上移除，採用後腳抬高蹲以及單腳蹲。這個見解一流傳開來，在整個肌力及體能訓練的領域引起軒然大波，接下來就是後來已經廣為人知的「對稱動作」vs.「不對稱動作」，或「單邊訓練」vs.「雙邊訓練」的爭議。

　　我們先來探討一個問題，在技術沒有問題的前提之下，背蹲舉與腰痛之間，到底是不是一個必然的關係呢？這一點大家的觀點當然眾說紛紜，我們可以這樣講，在肌力還不太強大的階段，比較少人會發生腰痛的現象，但是在肌力水準較高的階段，這個問題就不那麼少見。主張一定要做深蹲的馬克・銳普托（Mark Rippetoe）認為，作為一種站起來的脊椎動物，人人的腰部在30歲之後或多或少都有些毛病，跟蹲或不蹲無關，如果誰說他不會腰痛，他大概是在說謊，所以有人會腰痛並不表示深蹲就沒有用處。基本上馬克・銳普托認為，適當的課程安排可以讓身體得到必要的休息和恢復，腰痛是一個可以控制的現象，停練沒有比較好，不要讓腰痛變成阻礙深蹲訓練的理由。

　　從麥克・波依爾到馬克・銳普托，支持與反對各執一詞，到底實務上我們應該採取怎樣的看法呢？讓我們來進一步分析深蹲的副作用。加拿大的脊椎生物力學專家麥吉爾教授則認為，任何運動訓練都是在多種能力之間做取捨，深蹲可以換來身

體承擔壓力的能力，但是代價就是在強大的壓力刺激之下，脊椎骨及其周邊的組織其實會朝向越來越「堅固」的方向發展，但是堅固的極端其實就是僵硬。他曾經開玩笑地說道：「爲什麼在健力比賽場會看到那麼多人穿拖鞋？因爲很多人的腰都已經硬到無法綁鞋帶了。」著名的531訓練法的作者吉姆・溫德勒（Jim Wendler）也曾提到，他年輕時能跑能跳，是個優秀的運動員，但是在他成爲健力選手的過程，開始逐漸失去一些運動能力，而當他背蹲舉達到最高紀錄的那段時間，同時也是他運動能力最糟的時候，綁個鞋帶都會綁到面紅耳赤，雖然他最終並未放棄深蹲，只是改變了課程設計的方法，但也是直到他改變了訓練法，放棄過去的目標，一切才開始好轉。

　　對於這樣的現象，麥吉爾教授認爲，每一個運動員都應該要知道自己需要怎樣的能力，才能夠作最符合自身需求的「交易」。依著這個道理推論下去，一位肚皮舞的舞者，需要超好的腰椎柔軟度，因此這類舞者需要朝向增加腰椎活動度的方向去訓練，腰會變得很軟很靈活，但是，這樣的腰幾乎沒有承受壓力的能力，運動或日常受傷的機率也比較高。與肚皮舞者相反的另一個極端是優秀健力選手，他們在比賽中除了需要從地上拉起重量、扛起重量蹲下站起，以及躺在板凳上臥推之外，對於腰椎別無所求，因此，朝向最硬最不會動的方向去訓練其實並沒有什麼不好，甚至是有利的，不過在這交易中失去的，就是可以靈活運動的腰椎。

　　在這兩個極端的中間，是許許多多不同的競技運動員，例如美式足球員要面對的，是激烈的身體接觸和碰撞，因此需要一定程度的堅固，但是，運動場上需要經歷的挑戰遠比蹲下站起還要多，美式足球員要能夠閃躲、衝刺、翻騰、跳躍，還要能長距離傳球，這需要非常靈活、非常有爆發力和速度的身體才能做得到，因此美式足球員需要的是介於僵硬和柔軟之間的一個最佳表現區，且會偏向力量強大這一邊，但是應該要避免健力選手般的僵硬程度。另一個有趣的例子是巴西柔術，在巴西柔術或綜合格鬥競賽裡，經常需要很高的柔軟度才能發揮技術，但是偏偏技擊項目不是肚皮舞，一味的追求柔軟度，忽視了身體在激烈扭打過程中必須承擔的衝擊力，會讓這類運動員受到很多的運動傷害，因此對於這類選手來說，應該要利用適當的肌力訓練動作來建立某個程度的脊椎抵抗力，再透過技術訓練去做出身體所許可的最佳技術。

　　以上這些都是最概括性的說法，一定有少數有天分的運動員可以發揮高超的力量，但同時腰椎又相當柔軟，上述的資訊雖無法解釋特例，但可以視爲一個粗略的

大原則。所以如果我們總結脊椎生物力學專家麥吉爾教授在這方面的見解，我們會知道人應該要在訓練當中了解自己所需要的平衡點在哪裡，是偏向活動度，還是要偏向穩定性。

綜合以上所述，我們就會發現背蹲舉的存在與意義一點都不單純，首先，背蹲舉能讓人強壯，背蹲舉2倍體重可能是一個需要力量的運動員基本的要求；但是在變強的過程很容易不小心過度訓練，很容易產生傷害；而在高水準的背蹲舉裡，有一部分的成績可能是來自脊椎整體硬度的貢獻，而過硬的脊椎對許多需要速度、爆發力或是靈活度的運動表現來說都是不利的。

既然如此，我們知道如果要追求強壯，但是又要避免背蹲舉訓練的副作用，訓練方法勢必要作一點修正，這個想法當然也非史無前例，如前面所述，麥克‧波依爾最後決定以後腳抬高蹲以及單腳蹲系列動作作為下肢訓練的主要訓練手段，用這樣的訓練方法，他讓許多運動員無傷無病的繼續當了多年的職業選手，效果頗有說服力。

不過，反對這樣說法的陣營有許多不同的看法，除去一些情緒的謾罵之外，其實有兩點是比較有力的論述：支持傳統背蹲舉的馬克‧銳普托就認為，不對稱動作如後腳抬高蹲或單腳蹲的限制因素是平衡感，所以所能舉起的重量「並不是」人體下肢所能撐起的最大重量，而是當時的「姿勢平衡感」所能允許的重量，用這樣的訓練方法其實很難使用到真正有意義的大重量。

麥克‧波依爾對於平衡感的觀點則是，其實深蹲本身也是一個平衡感的訓練，深蹲的時候有許多的力量用來穩住身體不要往前或往後倒，絕大多數的訓練者在訓練肌力越來越強以後，腿力都會超越腰力，所以深蹲的重量其實也受限於腰椎穩定性。換言之，我們只能夠舉起腰椎所能承受的最大重量。麥克‧波依爾指出，當選手訓練一段時間之後，會發現使用單腳所負的重量，其實有機會大於雙腳負重的1/2以上，也就是說，當訓練者使用單邊訓練或不對稱姿勢訓練時，每一腳所承受的壓力其實比雙腳同時負重時的壓力的一半還大，這一部分的原因是因為脊椎不再是限制因素，另一部分的原因是所謂「兩側性缺失」的現象，兩側性缺失的意思是，人體在單側用力時，所能使用的力量會略大於雙側同時用力時各自的力量，不過用兩側性缺失支持單邊訓練的說法並未受到一致性的支持。

針對單側訓練的另一個批評，是關於所謂的系統總壓力，肌力訓練的效果不單

單來自於肌肉對壓力的刺激產生適應，也包括支配肌肉的神經系統對壓力的適應，一般相信，神經系統對於系統總壓力有反應，也就是說，越大的重量對於神經系統的刺激越大。使用後腳抬高蹲和單腳蹲系列動作，雖然有潛力在單腳上施予很大的壓力，但是相較於雙腳的背蹲舉來說，實際重量會小很多，因此，原本的好處（減輕脊椎負重）似乎變成了壞處（系統總壓力不足）。針對這一點，支持單邊訓練的陣營並未做出太大的回應，或是以別的負重動作如農夫走路或六角槓硬舉等來「補足」系統總壓力過小的問題。

　　上述的這些爭議都發生在過去幾年，許多的論證持續至今，作為一個「研究型實務訓練者」，我試著從幾個角度去釐清這些現象，並且提出解決方法。我們首先來探討一下，背蹲舉什麼地方會讓某些訓練者腰痛？我們先從動作控制的角度來看，再從課程設計的角度來看這件事。

從動作控制的角度來看

　　從動作控制的角度來看，背蹲舉的槓鈴位於肩膀上，無論是高槓式或是低槓式，都必須有足夠的肩關節活動度才能夠順利揹槓，如果肩關節活動度不足，當我們勉強去揹起槓鈴的時候，其實肩膀內部就會開始出現壓力，這個勉強揹槓造成的壓力，再加上想要撐住背後的槓鈴的重量，會讓人很直覺的用力挺胸，而用力挺胸的動作經常擴大成為用力挺腰。

　　用力挺腰造成了不當的核心姿勢，因為如前所述，核心應該是一個均勻的柱狀結構，上蓋是橫膈膜，橫面是由腹肌和背肌等肌群組成的核心肌群，底面是骨盆底，這個結構越接近圓柱體狀，越能產生支撐力，但是，當人試圖用力挺腰的時候，其實相對應的肌肉用力方式是緊繃著下背肌，拉長（放鬆）腹肌，如此一來，核心的壓力開始失衡降低，變成一個不穩定的核心，無法確保腰椎的穩定性。

　　肩關節活動度不足的人很多，且動作學習的過程若無人指導，是很不容易自己察覺問題的，許多人可能還會因此覺得，這個挺腰的姿勢看起來臀部很翹，是練翹臀的好方法，殊不知核心的穩定性悄悄地消散，讓腰椎的防護降低了。即便是訓練者在教練的引導下做出外表看似沒有錯誤的姿勢，也有可能因為肩關節活動度不足，持續牽引著核心朝向不該變形的方向移動，埋下潛在的風險。

腰椎防護降低會發生什麼事呢？首先，這樣的姿勢不太容易發揮出人的最佳力量，因爲腰椎穩定性不足，下肢的力量可能會被抑制，其次，是卽使使用了較輕的重量來練背蹲舉，在整個過程裡腰椎的穩定性仍然是不足的，幾個動作反覆下來，就可能導致腰椎的不當壓力。

訓練中遭遇到不當的壓力，可能會讓腰椎穩定性下降，而人體在穩定性下降的時候，可能會爲了穩定性的不足而製造「僵硬性」，下背會感到無比的緊繃，而不穩的腰椎甚至有可能導致受傷，卽使受傷的情形很細微，甚至不易察覺，訓練後人體爲了「保護」受傷的腰椎，腰椎附近的肌群可能會在訓練後仍然持續不斷的用力製造僵硬度，以試圖抵銷不穩定性的危險，而這個不斷用力的過程可能就會導致下背的痠痛。上述的情形當然不是每一個人每次訓練都會發生，但可能其實相當普遍卻沒有獲得應有的重視。而脊椎骨在長期訓練中可能經歷許多次「失衡邊緣」的擠壓力量，這也可能造成脊椎骨形態上的改變，提高變得更僵硬的可能性。

卽使訓練者的動作控制很健全，仍然有可能發生導致慢性疼痛的錯誤，先前其實提到過，當一個人訓練一段時間以後，訓練者在背蹲舉這個動作裡，腿力的發揮可能會超過腰力，所以腰力（或說是核心穩定性）才是深蹲表現的限制因素，換句話說，在連續多組的深蹲訓練裡，維持腰椎穩定性的肌肉比腿肌更早疲勞，可能在一連串的反覆動作過程裡，腿力其實是在遊刃有餘的情況下訓練，但是腰椎已經是遊走在危險邊緣了。

很多時候訓練者已經用呼吸法盡力繃緊核心，但是在腿部蹲下站起的過程裡，製造了更多的擾動，讓腰椎的挑戰性更加提高。許多訓練者也發現，在訓練過後腿力的復原不是問題，但是腰椎部位卻感受到非常過度的疲勞。這樣的疲勞讓腰椎成了最慢恢復的一個身體部位，這很可能是爲什麼許多運動員在重量訓練過後，回到專項運動訓練時就會感到腰部相當不適。

以上只是針對深蹲腰痛的現象所作的解釋，並非列舉所有可能的機制，一定有一些人可以免疫於以上的現象，也一定有人會因爲別的原因而受傷。因爲動作不標準的急性傷害，駝背或過度挺腰造成椎間盤壓力的不均勻，壓力太大導致脊椎骨骼的壓迫性傷害，都是與脊椎負重有關的運動傷害。但是這些傷害已經不能算是正常深蹲造成的，而是不當訓練造成的。但這些論述也說明了，卽使看似一切正常的深蹲訓練，仍有一些潛在的因素需要特別關注。

腰椎最害怕的是什麼？

如果我們再更仔細區分深蹲過程中的哪一點，腰椎的穩定性需求最高、最容易發生問題，我們應該會發現，在背負大重量的直槓背蹲舉裡，越接近最低點，身體前傾的角度越大，核心穩定性的挑戰性越高，身體越接近站直的時刻，核心穩定性的挑戰性越低，據此，我們可以做一個推論，就是其實腰椎害怕的主要是**前傾時的「不穩定性」**，其次才是**「壓力」**。從另外一現象我們也可以間接證明此事，根據經驗，如果我們測驗同一批運動員，我們會發現這些運動員通常可以用比背蹲舉重得多的重量進行「背負式負重行走」，且比較不會產生與背蹲舉相同的腰痛現象，顯示相同的重量只有在深蹲到底的時候會開始發生問題，負重行走雖然重量大，使用的肌群多，移動距離長，脊椎壓力也大，但是因為無須蹲到底，所以沒有深蹲發生的問題。

前面曾經敘述過，「中軸穩定，四肢發力」的原則解釋了身體絕大多數的動作，因此在深蹲的過程裡，如果腰椎負荷不了重量，其實四肢也無法發揮力道，所以如果重量已經重到直接影響脊椎穩定性，其實可能發生的現象是無力，在蹲下去之後就無力站起。比較有問題的是當重量剛好位於腰椎可以負擔的極限附近，此時腰椎的穩定性尚可，腿力發揮無阻礙，人體很可能就會帶著一個「有點不穩」的腰椎連續蹲下站起，其實也就是這個現象，讓人對深蹲產生疑慮，也讓肌力及體能教練們分裂成擁護深蹲的派系，和反對深蹲的派系。

從課程設計的角度來看

那我們應該要怎樣面對深蹲的問題呢？是要把腰痛當成變強的必經之路，咬牙撐過進步過程的不舒服，還是要從此放棄深蹲，投入單邊訓練的陣營呢？怪獸訓練在過去針對這一點做了相當多的嘗試，結果在一連串的測試下，研究出一套解決問題的作法，以下先以條列的方式列出我們的發現，再逐一深入解釋。解決下肢訓練

時的腰椎穩定性問題，我們認爲深蹲不必刪除，但是要利用高度的「特殊變化度」來限制訓練量，其方法如下：

· 使用單邊訓練或不對稱訓練作爲單邊超負荷訓練的手段。

· 使用箱上蹲讓深蹲的最低點得到支撐，降低腰椎穩定性可能帶來的危害。

· 使用握把式深蹲或握把式後腳抬高蹲，可以突破深蹲的脊椎穩定性限制，用更重的重量來訓練全身性的肌力。

· 用少量的深蹲訓練核心穩定性。

· 用特殊槓避免上肢活動度對核心穩定性的干擾。

一改傳統上一週有三天逐步加重的深蹲日（給初學者），或是每週有一天很重的深蹲日（給進階者），我們採取類似前蘇聯的高變化度作法，首先是先選擇一系列的深蹲動作，讓傳統直槓背蹲舉的比例降低，接著，是採取大量的有輔助的握把蹲系列，來讓身體超負荷，承受比背蹲舉高得多的重量，配合大量的後腳抬高蹲來提升下肢肌力，同時利用負重行走訓練核心穩定性。

認識握把式深蹲

握把式深蹲的訓練經驗，讓我們對脊椎負重訓練有更進一步的理解，初期使用安全深蹲槓（safety squat bar 以下簡稱SSB）做握把式深蹲訓練的時候，許多人都立卽發現握把式深蹲可以承受比背蹲舉大得多的重量，最初的判斷是因爲雙手在站起的過程出了力氣，幫助將自身拉起，因此可以做得比背蹲舉重，但是隨著訓練的時間越久，重量上升的程度越來越大，更有許多人的握把式深蹲比背蹲舉多了70-90公斤，讓人懷疑雙手拉力之外，應該有別的因素。

這個因素很可能與「中軸穩定，四肢發力」的原則有關，握把式深蹲的雙手雖然提供了部分的拉力，輔助了深蹲，但更重要的一點是，因爲有雙手的輔助，腰椎的穩定性不至於失衡，卽使是在最低點，如果身體發生

搖晃，無論是往前後或左右方向，雙手都可以平衡自己，因爲有了這樣的
平衡，人體偵測到高度的核心穩定性，雙腳就可以發揮更大的肌力站起來。

握把式深蹲由於雙手有了輔助，腰椎的穩定性不至於失衡，如果身體發生
搖晃，無論是往前後或左右方向，雙手都可以平衡自己。

　　這樣的現象衍生出幾個值得討論的議題，首先是回到一個很老的議
題，在過去曾經紅極一時的「自由重量與器械式重量訓練孰優孰劣」的爭
論裡，支持自由重量的陣營認爲自由重量訓練之所以可貴，就是因爲在自
由重量訓練裡，人體必須平衡自己的身體，這個試著穩住自己的過程其實
有穩定性的訓練效益，器械式訓練因爲有了太多不自然的支撐，例如椅
背、椅墊，甚至還有安全帶，這些針對軀幹直接支撐的器材，讓「中軸穩
定，四肢發力」或「近端穩定，遠端發力」的重要性降低，也就是說，人
體不再需要透過穩定中軸的過程去發揮力量，如此一來，人體發力最重要
的機制將在訓練中被略過，理論上來說，這就不會是最有效的訓練方式，
或至少不應該是主要的訓練方式。同樣的論述也一度被用在單邊訓練與
雙邊訓練的爭議當中，單邊訓練的支持者認爲，單邊訓練的平衡感需求更
高，更需要人體自己提供穩定性，雙邊訓練因爲姿勢較爲穩定，所以平衡
感的需求應該比較低。

從這個角度來看，握把式深蹲的支撐點比傳統深蹲還多，會不會因此變成一個缺乏穩定性的訓練呢？對此，可以從以下幾個角度來探討：首先，器械式的訓練之所以會缺乏穩定性，是因爲器材的椅墊、背板和其他支撐物，經常「直接」輔助了軀幹（例如坐姿腿伸展、俯臥屈膝以及腿推蹬，都有椅背或板凳直接支撐軀幹，脊椎的穩定性不需要由身體自行控制，只需要貼緊椅背即可），如此一來，身體在用力時無須依賴「中軸穩定，四肢發力」的順序性，也就是說，人不需要先穩定自己的中軸，就可以發揮力量，分肌群的訓練也讓身體的其他部位可以不必參與，缺少了肌肉間協調用力的歷程，用這樣的方式來訓練肌力，回到千變萬化的運動場或是日常生活的情境裡，核心的支撐物不再存在，缺乏訓練的核心很可能會因爲無法提供足夠的穩定性而抑制了用力。

反之，握把式深蹲的支撐不是來自於器械直接對軀幹的支撐，在握把式支撐裡，提供穩定性的仍然是訓練者自己，訓練者必須主動使用雙手的力量去「微調」身體的姿勢，軀幹在此並不能放鬆，還是必須要用呼吸法穩住中軸，並且與雙手的動作互相回饋，因此我們可以說，握把式深蹲與器械式訓練的支撐方式並不相同。

在握把式支撐裡，提供穩定性的仍然是訓練者，訓練者必須主動使用雙手的力量去「微調」身體的姿勢，軀幹在此並不能放鬆。

　　這種由雙手支撐所帶來的核心穩定性，當然與深蹲時的不同，不過如果我們換個方式想，訓練中利用雙手作為穩定性的現象其實並不像器械式訓練一樣缺乏真實性，在真實世界裡，人的姿勢失衡時最常見的作法就是用手去扶東西，在劇烈身體接觸的運動項目如美式足球、橄欖球以及柔道角力格鬥等技擊項目，用雙手推拉對手或地面以幫助自身發力的形態所在多有，因此，握把式深蹲系列的動作裡，輔助姿勢的雙手不但不算是一種作弊，還具有實際的訓練功能。

　　其次，我們也要了解的是，握把式深蹲只是一個藉由提高穩定性進而讓人體接受更高神經刺激的動作選項之一，並不是深蹲或分腿蹲的完全替代動作，課程設計裡仍然要保留一定比例的訓練時間給傳統的深蹲系列動作。在深蹲及分腿蹲的效益仍然保留的情況下，人體不會因此失去穩定性。況且，深蹲的穩定性雖然是一個重要的穩定性，但也不是人體運動能力的唯一穩定性，負重行走的穩定性，單腳深蹲的穩定性，硬舉的穩定性和單腳RDL的穩定性，都各自有其提升穩定性的功能。再者，許多專項運動或戰術情境所需要的穩定性，都有高度的專項性（例如跆拳道連續踢擊的穩定性），這種特殊的穩定性需要的是專項訓練，而非肌力訓練，肌力訓練的目的是激發神經支配肌肉的強度，並提升肌纖維的質量，特定肌力訓練動作的穩定性其實有很大一部分是訓練動作的「專項特殊能力」。

　　其實，會有握把是否會輔助過多造成「作弊」的想法，一部分的原因可能是肌力訓練者丟不掉的傳統思維，總認為符合傳統直槓背蹲舉的動作就是「對」的，與直槓背蹲舉不一樣的就是錯的動作。許多的教練至今認為，如果用了一堆動作做訓練，所有訓練動作的肌力都提高，但只有深蹲的紀錄沒有提高，則此人的肌力訓練就等於沒有進步。事實上，實務圈已經一再證實，在動作技術已經熟悉之後，無論是後腳抬高蹲、跨步蹲、箱上蹲或是前蹲，只要重量提高，就是肌力進步的一種表現。

　　在最理想的狀況下，我們會看到所有肌力訓練動作都因為肌力進步而能舉起更大的重量，但是許多肌力以外的因素如平衡感、專注力、肢段比例或身體力學參數改變，都有可能影響直槓背蹲舉的表現，因此有可能發生肌力進步但背蹲舉紀錄持平的現象，而競技運動員在不同的備賽週期裡背蹲舉重量上下波動，也是很常見的正常現象。

往更深的層次思考，肌力訓練專家們長期以來不斷在尋求一個動作可以動員最多肌群，且能夠盡可能讓關節在訓練中走完全程的動作幅度，而且可以扛起巨大重量的肌力訓練動作。也就是因為這些原因，背蹲舉被認為是肌力訓練之王，背蹲舉可以負起的重量通常是一個人所有動作裡數一數二的（傳統動作裡唯一可能略勝一籌的通常是硬舉），而又因為相較於硬舉，深蹲有潛力讓髖關節和膝關節走過較大的動作幅度，因此背蹲舉被認為是效益最高的全身訓練。

不過，背蹲舉的姿勢結構有很大一部分是在用人體去配合槓鈴，因此雙手只能舉在背後提供穩定性，如果使用SSB來作為肌力訓練的工具，則人可以空出雙手抓住握把或是蹲舉架，如此一來，一則提高了核心的安全性，讓下肢更敢用力推，二則讓雙手在重量非常重的時候也被迫參與了訓練。雖然我們不會認為握把式深蹲可以取代臥推、划船或肩推等上肢訓練，但是在握把式深蹲裡雙手的參與程度比起背蹲舉更高也是明顯的事實。

有了雙手的參與，構成了一個新的手腳並用的動作，而這個動作在下肢方面的動作幅度不小於深蹲（甚至可能因為較高的姿勢穩定性，使得訓練者蹲得更低），上肢也有了積極的參與，全身上下動用了最多的肌群，扛起來的重量又遠遠高於背蹲舉，作為一個運動員肌力訓練的選項，握把式深蹲的效益和潛力不可小覷。試想，如果運動員堅持用背蹲舉，則下肢蹲系列訓練所能使用的最大重量，會長期受限於背蹲舉，握把式深蹲可以輕易超越背蹲舉數十公斤，在雙手的協助之下中軸穩定性又高於背蹲舉，運動員可以收到的效益可想而知。

如果我們再更進一步思考，人體在做肌力訓練的時候，最主要的問題經常都與腰椎穩定性有關，而腰椎穩定性之所以會是一個那麼重要的議題，是因為人是用下肢站起來的脊椎動物，這個現象讓我們聯想起一個事實，就是絕大多數的脊椎動物都是四足立，只有極少數如人類可以直立，而直立很可能是各種脊椎問題的根源。

當我們使用SSB加上握把，我們等於讓人回到四足立的動作形態，不管是用握把式深蹲，還是用握把式分腿蹲，還是用握把式後腳抬高蹲，我們都讓人回到手腳並用的「仿四足立」姿勢，這樣的姿勢裡，脊椎骨不再是一個無依無靠的細瘦高塔，而是手腳支撐結構裡的中間結構，當脊椎的

兩端（肩膀端與髖關節端）都有了支撐，脊椎骨突然卸下了大半的不穩定性，變成一個高度穩定的結構。突然變高的穩定性，允許下肢用更大的力量，這也就是為什麼深蹲大約200公斤的訓練者，換成握把式深蹲的時候可能有潛力用300公斤以上的重量來訓練全身的肌力。

有了雙手的參與，下肢方面的動作幅度不小於深蹲，甚至可能因為較高的姿勢穩定性，使得訓練者可以蹲得更低。上肢也有了積極的參與，全身上下動用了最多的肌群，扛起來的重量又遠遠高於背蹲舉，握把式深蹲的效益和潛力不可小覷。

適合下肢推的訓練動作

回到下肢推系列動作，從上面的敘述我們逐漸釐清幾件事，就是以增進運動員的絕對肌力來看，下肢推不是一個動作，而是一系列有意義的三關節伸展動作，讓人體依循著「中軸穩定、四肢發力」的原理用力，以下將介紹實際上適合訓練下肢推的系列動作以及變化動作。

可以加入課表當作變化動作的下肢推動作，有以下的分類依據：

負重工具	槓鈴高槓式深蹲、槓鈴低槓式深蹲、彎槓高槓式深蹲、彎槓低槓式深蹲、曲槓高槓式深蹲、曲槓低槓式深蹲、SSB深蹲、SSB握把式深蹲、各種前蹲、六角槓蹲舉
腳步站距	寬蹲、正常深蹲、窄蹲
最低點支撐	低箱蹲、水平箱蹲、高箱蹲
變化腳步	分腿蹲、跨步蹲、側蹲、側跨步、斜蹲、後腳抬高蹲

負重工具方面

即使做相同的動作，不同的槓鈴會因為重心、壓力、穩定性和支撐面的不同，造成截然不同的效果。所以說，換槓鈴可以說是「特殊變化度」裡最初步的變化，傳統上如果我們使用直槓背蹲舉做訓練，每次訓練週期開始的初期，都會經歷一陣子的進步，但是接著就會逐漸遇到瓶頸，而且越是資深的訓練者越快遇到瓶頸（有可能在3-4週左右進步就開始停滯），這其中可能的原因是因為局部的壓力造成局部的疲勞，即使課表進度一切正常，身體「絕大多數」部位的肌群都已經恢復，但因為身體某個部位例如髖關節、膝蓋、下背等部位因為壓力過大尚未恢復，導致再次做相同動作時無法繼續突破。

這樣的現象很可能可以透過轉換器材或動作而避開，也就是藉由器材或動作的重心和壓力形式改變，「閃避」原先可能造成過度負荷的部位，讓這些尚未恢復的部位有更多的時間可以恢復，不會重複被施壓。身體也因為各種不同器材造成的不同壓力，學會對抗不一樣角度的力量。

槓鈴高槓式深蹲

槓鈴低槓式深蹲

彎槓高槓式深蹲

彎槓低槓式深蹲

曲槓高槓式深蹲

曲槓低槓式深蹲

SSB 深蹲

SSB 握把式深蹲

前蹲舉

交叉手前蹲

直臂前蹲

六角槓蹲舉

腳步站距方面

　　腳步站距也有類似的情形，較寬或較窄的腳步可以讓下肢負重的方式改變，根據經驗，在深蹲訓練的當日如果覺得髖關節不適，先別急著放棄整組訓練動作，可以先試試看改換個腳步會不會感覺不同，雖然負起的重量未必相同，但是每種變化動作的1RM本來就會有些差異，如果轉變了動作就可以用相同的強度百分比（未必是相同的重量）來訓練，效果仍然是相當充足的。要知道肌力訓練的目的不是為了追求某個特定動作的PR，而是讓身體隨時處於可以使用高力量的狀態，以幫助運動表現或提升生活品質。

寬蹲

正常深蹲

窄蹲

最低點支撐方面（箱上蹲系列）

箱上蹲系列是節約深蹲疲勞的重要手段之一，箱上蹲的操作方式和應用範圍相當廣，在不理解的情況下也曾有人視之為危險動作，但若知道箱上蹲的一些基本注意事項，其實箱上蹲可以變得既有效又不危險。

推廣箱上蹲最努力的名教練之一是西岸槓鈴派的代表人物路易・西蒙斯，他主張健力選手及肌力訓練者應該要以箱上蹲系列動作為深蹲的主要訓練方式，對於高水準的健力選手來說，他甚至建議只有在比賽時才做真正的蹲舉，平時都以箱上蹲進行訓練（不過，曾經在西岸槓鈴受訓，後來成為優秀健力選手及戰術體能專家的麥特・溫寧〔Matt Wenning〕則主張，箱上蹲可以當作平時訓練的重要手段，但是如果是為了準備健力比賽的話，每隔一陣子還是要回到傳統深蹲的訓練，才不會偏離比賽的專項性）。

值得一提的是，雖然路易・西蒙斯和麥特・溫寧都推薦箱上蹲，但是兩人對於箱上蹲的見解其實不盡相同，路易・西蒙斯認為，既然有了箱子，就要充分利用箱子的功能，箱上蹲的時候，要將深蹲的動作擴張到傳統深蹲蹲不到的範圍，所以他主張要刻意站寬，在蹲下的過程刻意往後坐，做到最低點剛好被箱子接住，此時可以將體重放給箱子，讓身體回正並且得到片刻休息，接著再從休息的蹲姿（其實嚴格說起來這已經算是坐姿）往前傾，回到蹲下時的角度，然後用力站起來。

這樣的訓練方式有幾個好處，首先，是特別寬的站姿和特別往後坐下的過程，強迫身體背後動力鏈的參與，路易・西蒙斯指出，從寬站深坐的過程站起，腿後肌幾乎像是在做腿後勾一般的用力。除此之外，從靜態姿勢扛著大重量站起來，等於是訓練一個重新啟動的能力，讓身體強力徵召所有運動單位。

麥特・溫寧則指出，許多人訓練箱上蹲的目的，是希望可以增益傳統深蹲的表現，如果箱上蹲的姿勢跟傳統深蹲差異太大，其實遷移性不會太好，許多人在箱上蹲大幅進步的過程裡，傳統深蹲卻沒有相對應的進步，原因即在此。因此，麥特・溫寧認為箱上蹲的姿勢要跟傳統深蹲越像越好，最好是一模一樣，才能夠有最佳的遷移效果。

不過，麥特・溫寧也提到，如果訓練的對象是軍警消等特殊任務的人員，訓練時反而是變化度越大越好，最好可以大量使用不同形式的動作和器材，讓特殊任務

人員可以適應非常多種用力的方式，簡單來講，對於競爭環境裡不可預測性越高的人員，某個特定動作是否進步越來越不重要，訓練的專項特殊性可能是越小越好，才不會在真實世界裡遇到特殊方向或角度的阻力時覺得無法適應。

箱上蹲當然未必只有寬蹲姿和傳統蹲姿值得訓練，偏窄的蹲姿也是多種變化的選項之一。另外，箱子的高度是另一個訓練的變化，越高的箱子讓訓練者可以扛起越重的重量，越低的箱子則扛起的重量越輕。一般來說，略高於水平線的高箱蹲，略低於水平線的低箱蹲，以及剛好水平線的水平蹲最常被使用，當然，也有人藉由特別高的箱子來訓練特別重的重量。

箱子高度的另一種應用，是專門訓練深蹲者的「困難點」，也就是一個人在上升過程感到最艱難的一點，從外觀來觀察可能是動作速度最慢的一點，而這一點未必是最低點，許多人的困難點發生在比最低點高一些的位置，也有人發生在更高的位置。箱上蹲可以針對這些點來設計，當作突破最大肌力的訓練方法。

最低點支撐的另外一個效益，就是節省腰椎一部分的負擔，前面提過在深蹲這個動作裡，腰椎穩定性挑戰最大的地方通常在最低點，此時如果有椅子可以坐，等於是承接了原先身體必須穩住自己的任務，待坐穩之後再重新啟動，這等於是把身體從下降到上升的轉換過程分成兩半。

值得注意的是，這樣的作法雖然移除了一部分身體需要穩住自己的「責任」，但是並不會讓這個動作變成器械式訓練，因為最低點支撐住的是一個靜止狀態，身體所有「有動作」的過程都是沒有額外器材支撐的。一些有箱上蹲訓練經驗的人發現，如果以蹲到相同高度的深蹲來看，箱上蹲比較不會像傳統深蹲一樣在訓練後留下大量的腰部疲勞。靜態啟動的箱上蹲也會讓深蹲變得困難，所以通常只能用較輕的重量進行訓練，對於長期壓大重量的人來說，減輕脊椎上的壓力但仍讓腿部進行有效的訓練，是一個不錯的階段性策略。

上述各種變化動作以及變化動作的排列組合，已經可以拼湊出數十種甚至上百種變化動作，但是上述的變化動作大抵還是依照傳統蹲姿的方式，身體的兩側做相同的動作。除了這樣的訓練方式之外，也有許多左右不對稱的姿勢可以作為下肢訓練的優質選項，事實上單邊訓練或不對稱訓練的支持者認為，單邊訓練或不對稱訓練才應該是主要的訓練方式，雙邊對稱的動作應該只能算是輔助訓練而已。以下介紹單邊或不對稱訓練的幾個議題。

低箱蹲

水平箱蹲

高箱蹲

變化腳步方面1（後腳抬高蹲）

首先，單邊訓練或不對稱訓練是兩個相似但不盡相同的專有名詞，從字面上來看，真正的單邊訓練只有身體的單邊在負重，例如單腳蹲，另一腳無論是懸空（站在箱上的單腳蹲）或是舉在身體前方（槍式深蹲），都是無法直接幫助用力的，這些動作被認為是真正的「單邊訓練」，至於其他動作像後腳抬高蹲，雖然主要的壓力集中在前腳，但是放在後腳抬高架或是板凳上的後腳也可以協助出一部分的推力，或至少可以幫助穩定，則被認為是「不對稱訓練」。當然，在實務上的用語往往不求精確，許多人仍然把後腳高蹲稱為「單腳訓練」，畢竟訓練的壓力「集中」在前腳，而非雙腳壓力平均，所以稱為「偏重單腳的訓練」亦屬合理。

我們先從最常用來負重的後腳抬高蹲來探討，這個動作行之有年，在北美地區曾經被稱為「保加利亞式跨步」，但事實上並無確切證據證實這個動作來自保加利亞，且原地上下舉重的路徑也不能稱為跨步（跨步的定義在於有前後或左右的位移）。不論這個動作的名字為何，許多訓練者都將之視為下肢訓練的輔助動作而已，直到麥克‧波依爾大力主張「廢深蹲，練單腳」的概念時，這個動作才逐漸受到大家的重視。這個動作有許多種方式可以負重，可以使用傳統的槓鈴來做後腳抬高蹲，使用前蹲或背蹲負重方式，另外，也可以用雙手在身體兩側提著夠重的大啞鈴或是壺鈴，此外還可以在身上披掛重鐵鍊或是穿負重背心，另有一些特殊槓也可以應用在這個動作（如SSB、彎槓、曲槓、U形槓等）。

後腳抬高蹲的應用之所以比較廣，推測的主要原因是，相較於真正的單腳蹲，這個動作的負重潛力大了許多，單腳蹲系列的動作，會大幅受到平衡感的限制，因此，初期的進步其實比較偏向平衡感的進步，而先前也提過，平衡感有高度的動作特殊性，所以在一個動作裡訓練出的平衡感，與運動場上所需要的平衡感可能有關也可能無關，這樣的進步不一定能增益運動表現。後腳抬高蹲因為有後腳的支撐，穩定性要比純粹的單腳蹲來得高，因此體外負重的潛力變得相當高。

除了利用後腳幫助支撐，協助前腳在用力時的姿勢平衡度之外，也可以只像握把式深蹲一樣，藉由SSB和握把，讓後腳抬高蹲變成「握把式後腳抬高蹲」。如桐前面針對握把式深蹲的討論，握把式後腳抬高蹲利用雙手協助提高穩定性，使得整個身體和重量構成的力學系統的穩定性提高，更能夠支撐更大的重量，三相訓練（Triphasic Training）的作者明尼蘇達大學的體能教練卡爾‧迪茲（Cal Dietz）就大量使用這樣的方式幫助高水準的競技運動員建立下肢的肌力。

後腳抬高蹲

在我的訓練經驗裡，握把後腳抬高蹲是一個CP值非常高的訓練動作，首先，因為後腳抬高的關係，絕大多數的力量都集中在前腳，讓前腳得到最集中的超負荷效果，其次，是增加了握把的設計，讓這個動作前後方向和左右方向都得到穩定性，主要受訓練的前腳和壓在後腳抬高架的後腳，可以在前後方向平衡，而當身體左右失衡的時候，位於前方兩側的雙手可以平衡左右。這樣的穩定性讓任何人都可以很快接觸比無握把的後腳抬高蹲重得多的重量，迅速達到超負荷的功效。

有一個值得提出的議題，就是後腳抬高蹲其實有多種可能的腳步，一種是前腳踩在身體的前方，蹲下的過程身體比較垂直，蹲下時膝關節約呈90度，除了後腳抬高的部分之外，類似一個地面的分腿蹲，這種動作可稱之為「後腳抬高式分腿蹲」。

另一種腳步，是將前腳踩在身體的正下方，蹲下的過程把臀部往後推，身體會呈現一點前傾的角度，除了抬高的後腳之外，外觀看起來像一個傳統的深蹲，可以稱之為「後腳抬高式深蹲」。這兩種腳步是後腳抬高蹲的兩個類型，訓練者通常會在有意或無意的情況下，依照身材比例和訓練的需求，自動選擇了介於兩者之間的腳步。調整腳步所帶來的好處是，如果訓練者需要節省腰椎穩定性的訓練量，可以選擇後腳抬高式分腿蹲，用較直的軀幹角度負重，避免過多的前傾造成腰椎剪力方向的壓力。比較直的腰椎可以在承受比較大的訓練量時減少副作用的出現，讓腰部可以在肌力進步的過程裡遇到較少的痠痛或受傷。

從負重潛力來分析，後腳抬高蹲在腿部方面的訓練強度大概是所有動作裡潛力最大的，當姿勢已經穩固且經過長期訓練以後，後腳抬高蹲最大肌力潛力可能會與訓練者的前蹲舉最大肌力不相上下，如果使用握把蹲的方式訓練握把式後腳抬高蹲，則更可以直接超越前蹲舉甚至背蹲舉。過去曾有反對的聲浪認為，用後腳抬高蹲取代背蹲舉，可能會因為系統總壓力較小，讓身體得到的神經刺激不足，握把式後腳抬高蹲的出現應該可以解決這個問題。

後腳抬高蹲是一個將壓力盡可能集中在前腳的肌力訓練動作，一般來說後腳的高度都在前腳膝蓋的高度附近，不過，後腳的高度不是一個固定的標準，訓練者可以隨著需求調整高度。一旦後腳直接接觸地面，就成為分腿蹲。卡爾・迪茲認為，在重量相當重的情況下，建議讓運動員雙腳都踩在地上，成為「握把式分腿蹲」，因為雙腳都踩在地上，可以承受的重量會更加巨大。

變化腳步方面2（分腿蹲、前腳抬高蹲、跨步蹲與側蹲）

　　分腿蹲在姿勢結構上有雙腳一前一後的特徵，由於雙腳都對重量的支撐和移動有貢獻，所以嚴格說起來不算是單邊訓練，而是不對稱訓練。無負重的分腿蹲其實是一個日常生活競技運動裡很常見的動作，人在快速向前移動當中，如果需要急停或減速，都會把前腳踩向身體前方的地面，呈現出一個「高分腿」姿勢，如果奔跑的速度極快，又需要快速停下來，則很可能會壓低姿勢，進入一個分腿蹲的姿勢，這樣的相似性賦予了這個動作的功能性。這個動作可以用許多方式負重，包括與深蹲相同的背蹲和前蹲，以及各種特殊槓（SSB、彎槓、曲槓等），又因為這個動作是往前後方跨出，雙手在身體兩側並無阻礙，所以也可以用雙手提握的方式負重。

　　後腳抬高蹲和分腿蹲系列動作中，還有一個比較不常見的前腳抬高蹲，也就是在分腿蹲的動作中，前腳的水平高度比後腳高，通常是利用踩在槓片或厚木板上來達成。前腳抬高蹲是一個活動度增大的分腿蹲，對於需要肌力又同時需要大活動度的訓練者來說效益很高。

分腿蹲

分腿蹲在姿勢結構上有雙腳一前一後的特徵，由於雙腳都對重量的支撐和移動有貢獻，嚴格說起來不算是單邊訓練，而是不對稱訓練。

前腳抬高蹲

前腳抬高蹲是一個活動度增大的分腿蹲，對於需要肌力又同時需要大活動度的訓練者來說效益很高。前腳的水平高度比後腳高，通常是利用踩在槓片或厚木板上來達成。

跨步蹲

在移動中進行，向前跨步進入分腿蹲姿勢的動作稱爲「前跨步」，向後跨步進入分腿蹲姿勢的動作
稱爲「後跨步」，前跨步和後跨步都可以透過負重來進行訓練，跨步蹲與分腿蹲最大的不同點，是
這個動作在進入蹲姿之前，有一段單腳支撐的過程，這個過程被認爲有單腳負重的訓練效益。

　　分腿蹲和後腳抬高蹲都是原地上下移動的重量訓練姿勢，但其實單邊動作和不對稱動作還有一個潛力，就是可以在移動中進行，向前跨步進入分腿蹲姿勢的動作稱為「前跨步」，向後跨步進入分腿蹲姿勢的動作稱為「後跨步」，前跨步和後跨步都可以透過負重來進行訓練，而其與分腿蹲最大的不同點，是這個動作在進入蹲姿之前，有一段單腳支撐的過程，這個過程被認為有單腳負重的訓練效益。此外，既然分腿蹲是一個煞車、急停、減速的姿勢，在移動中做負重的跨步訓練就更有它的意義。

　　向前及向後跨出的是為前跨步和後跨步，向側面跨出的則稱為側跨步，若是依循側跨步的動作結構做原地蹲下站起的動作，則稱為側蹲。如果分腿蹲被視為急停減速姿勢，則側蹲被許多人視為轉向姿勢，這是因為側蹲在用力的過程，身體重心是橫向移動的。側蹲其實是一個效益極高，但是卻未得到相對應重視的訓練動作。在動作開始時，訓練者要先橫跨一大步，大多數的人都需要跨到2倍肩寬以上的距離，接著讓雙腳腳尖指向正前方，然後維持一腳伸直，另一腳屈膝屈髖向後蹲坐，達到與深蹲相同的深度。腳尖指向正前方的用意是在增加使用踝關節的活動度，並提高大腿內側用力的程度。有些訓練者會覺得保持腳尖向前相當困難，會自然把腳尖自然轉向外八字的角度，嚴格說起來這並不算一個錯誤，只不過這種腳步的側蹲就不是側蹲了，這種動作通常被稱為斜蹲或轉體蹲，是另一種比較容易的訓練姿勢。

側蹲

做側蹲的時候,大多數的人都需要跨到2倍肩寬以上的距離,接著讓雙腳腳尖指向正前方,然後維持一腳伸直,另一腳屈膝屈髖向後蹲坐,達到與深蹲相同的深度。腳尖指向正前方的用意是在增加使用踝關節的活動度,並且提高大腿內側用力的程度。

　　側蹲訓練了大腿外展內收的動作，並且讓人學會在負重的情況下將身體重心左右推移，這個效益是其他動作所缺乏的。側蹲的負重方式可以用手持重量、穿負重背心，或是使用槓鈴（以及各種特殊槓）。手持重量以及負重背心的總重通常比較有限，想要使用大重量的時候必須使用槓鈴及特殊槓，但是，使用大重量來訓練側蹲會有比較高的難度，因爲側向移動的關係，側蹲無法在大多數的蹲舉架裡實施，必須移到蹲舉架之外，但是，缺少了蹲舉架保護槓的保護，讓這個動作的危險性提高不少；若使用上掛式的保護繩，則要考慮側向移動時所需要的繩子距離，而且一旦動作失敗，重量由繩子接手時，整個重量可能會擺盪回原位；側蹲雖然也可以使用人力保護，但特殊的移動方向讓這個動作的保護幾乎變成一種專門的技術，建議要實施側蹲保護的人，必須自己先學習過側蹲，才會熟悉這個動作的移動路徑。

　　以上是針對下肢推系列動作的解釋，下肢推系列不但是一系列重要的下肢訓練動作，其實它們更是一系列重要的全身訓練動作，因爲在這些動作裡，身體都必須遵守「中軸穩定，四肢發力」的用力原理，而在這樣的過程中，因爲軀幹要用力穩住自己，守住核心的穩定性，才能讓下肢用出眞正巨大的力量，這樣的過程不但讓下肢得到巨大的壓力，也讓核心經歷了強力的刺激，這種順著核心的結構和功能而用力的核心訓練，是最有效的核心訓練，也是許多人爲支撐的器械式訓練所欠缺的效益。

　　談完了下肢推系列，接下來開始探討下肢拉的系列動作。

2

下肢拉系列（髖主導）

　　下肢拉系列動作，也稱為髖關節轉軸動作（hip hinge），主要的特色是髖關節的屈和伸，是下肢訓練的另一大重點。我們平常習慣稱這個動作為硬舉系列，嚴格說起來，這樣的說法並不十分精確，因為硬舉的動作仍然包含了大量的屈膝動作，如前面篇幅所述，下肢推（蹲系列）和下肢拉（硬舉系列）動作其實不是涇渭分明的兩類，而是「下肢三關節伸展」光譜的兩個極端，最屈膝的極端是前蹲舉或前抱式深蹲，最屈髖的極端是羅馬尼亞式硬舉或直膝硬舉。

　　附帶一提，髖關節前屈的時候，為了保護膝關節，通常不會有完全打直並鎖死的膝關節姿勢，因此即便是稱為直膝硬舉，膝關節也保持微屈膝。（簡單來說，「負重時，直膝不屈髖，屈髖不直膝」這個原則在大多數的負重訓練都通用。）許多人們熟知的下肢訓練動作如傳統硬舉、相撲硬舉、低槓式背蹲舉等，都是光譜上的某個點。理解了這個不太算界線的界線之後，接下來讓我們先來分析一下屈髖動作的意義與重要性。

髖關節轉軸動作

　　髖關節轉軸動作指的是人體在保持脊椎中立的情況下，經歷屈髖和伸髖的過程，而下肢拉的系列動作，就是要用重量訓練的方式強化這種動作形態和肌群。

　　「屈髖－伸髖」的連續動作是最常見的動作失調之一，一個髖屈伸失調的動作形態，其特徵是在髖屈伸的時候無法保持腰椎中立姿勢，也無法保持膝關節穩定。這種動作失調的訓練者，在站直的時候腰椎可能還算是中立姿勢，當身體開始向前

傾倒之時，可能也會先從髖關節的屈曲動作開始，但是隨著身體向前傾倒的幅度增加，髖關節的屈曲的動作開始減少，腰椎開始偏離中立姿勢，去彌補髖關節屈曲的不足，因此就呈現了一個圓背或駝背的姿勢。

講到這裡可能很多人都會說，脊椎骨一節一節的，不就是為了可以彎曲而設計的嗎？的確，在許多人的經驗裡，日常生活中刷牙、洗臉、綁鞋帶或彎腰撿起地上的物品，都或多或少讓脊椎做了彎曲的動作，此外競技運動場上的格鬥、角力、柔術等技擊武術，以及舞蹈、體操、水上運動等等，都有大量的彎腰或拱腰動作，如果彎腰就算動作失調，那豈不是滿街人人都失調？要回答這個問題其實並不容易，我們要從以下幾個觀點來看。

首先，先前已經提到過，腰痛之所以會成為與流行感冒一樣流行的病症，可能的原因就是因為脊椎先天不是一個堅固的直立結構，絕大多數有脊椎的陸上動物都是四足爬行，少數脊椎動物可以短暫的「人立」起來，但只有人類是以直立姿勢為主要移動姿勢。因此，一節一節的脊椎骨，很可能原先只為了在四足移動的時候提供活動度，而非在直立的時候提供活動度，直立時彎曲脊椎，尤其是腰椎部位，會對椎間盤產生不均勻的壓力，當壓力很大或反覆很多次的時候，就有可能提高受傷的風險。

其次，每個人的彎腰動作似乎都有一定的「安全存量」，人通常不會在人生的第一次彎腰就受傷，也不會彎一點點就受傷，腰傷通常是大幅度且多次累積的，但這也因此給了大多數人「彎腰也不會怎樣」的印象，回想起自己曾經做過數千次彎腰動作都平安無事，下一次彎腰應該也沒事才對，但受傷的風險可能已經逐步累積。

此外，競技運動員雖然在比賽中會經歷許多扭轉或彎曲腰椎的動作，但這並不表示這樣的動作就是安全的，有許多運動員已經因為這些動作而受傷，而有許多沒受傷的運動員很可能是先具有強大的肌力基礎，可以抵抗腰部瞬間失衡的壓力，所以才平安無事。這些運動員的存在，並不能當作彎腰安全性的保證。真正重要的是，我們現在在討論的是如何以安全的姿勢進行「大重量訓練」，在進行大重量訓練的過程如果無法維持中立腰椎，受傷的風險有可能是立即性的。

許多人可能會以網路上的一些非常強壯的健力選手為例，認為這些選手在硬舉的時候都呈現了很彎的背部姿勢，但是仍然舉起相當大的重量，因此認為在肌力訓練裡無須維持腰椎中立姿勢。這樣的論述看似有力，實則不然。以脊椎的安全性

來看，負重過程有幾種動作模式，會帶來不同等級的安全性。最安全的作法，是腰椎保持中立，核心用力繃緊，也就是前面說過的呼吸法，這樣的動作模式最安全。其次，是腰椎不中立，但核心鎖緊，這樣的動作雖然風險較高，但若核心的穩定性夠高，還是可以保護到腰椎。對於許多健力選手來說，這樣的動作可能是經過訓練的結果，因為駝背有可能帶來較有利的力學結構，可以讓槓鈴靠自己更近，讓槓鈴「變得比較輕」，所以技術性的駝背在健力選手裡並不罕見。至於最危險的動作則是腰椎不中立，核心也不鎖緊，然後就試圖從地板拉起重量，這樣的傷害風險是很高的。很多勞力工作者都因此有腰部的損傷，一般人在日常生活中也很容易犯此錯誤。

談到肌力訓練，最重要的還是要回到訓練原則，絕大多數的時候肌力訓練的目的是為了變強壯，讓身體可以接受其他的挑戰，而不是在重量數字上求表現，所以即使風險不是絕對的，也要盡可能遵守最高的安全標準，這也就是前面所提到的「低風險訓練原則」，一個動作要練出力量，需要成千上萬次的反覆，而且重量是越加越重，這過程再怎樣小心也不為過，因此遵守中立腰椎位置以避免運動傷害，不是在危言聳聽，而是在降低意外的機率。

許多人因為害怕背痛、缺乏腿部活動度，或是久坐造成臀部無力，經常避開下肢拉系列的動作，殊不知下肢拉的效益正好是強化這些容易失能的部位。如果你訓練過運動選手，你應該會發現運動員下半身非接觸型傷害的好發部位就是腰部和腿後，閃到腰和拉傷大腿是許多運動員共同的記憶。但是如果透過實務上的觀察，我們就會發現閃到腰的人，是腹肌受傷的機率遠小於背肌和腰椎受傷的機率，而衝刺型的選手拉傷腿，較少人是拉傷大腿前側，許多拉傷都是大腿後側，原因是因為下背和腿後通常都是人體的弱點，如果不加以鍛鍊就去做各種運動競技，下背和腿後經常是用力過猛之後的受害者。

除此之外，臀部是一個經常在大動作時缺席或偷懶的肌群，因此有了「臀肌失憶」的說法，雖然關於臀肌失憶的概念並非沒有爭議，但這個說法背後一種常見的解釋是：一般人可能是因為久坐，導致負責屈髖的腰大肌變得又短又緊，導致在站起來的時候變本加厲的緊繃；或者，是屈髖肌群強大的運動員，久而久之製造出過度緊繃的腰大肌。無論是哪一種，緊繃的腰大肌可能啟動了「對側抑制」的機制（意思是叫關節對面相對應的肌群放鬆），導致臀肌習慣性放鬆不用力，臀肌如果不用力，會讓身體在挺直的姿勢裡增加下背的負擔，也會在奔跑、跳躍或用力時增加腿後肌的負擔，一個相鄰代償的現象就此產生。如此一來，下背和腿後就會經常產生莫名其妙的疲勞或受傷。

　　下肢拉的動作如果操作得當，可以訓練臀肌恢復功能，讓整個背後動力鏈不再依賴過多的代償來發揮功能，更重要的是，下肢拉所訓練的力量和肌群非常具有功能性的價值。適合訓練下肢拉的動作選項如下：

羅馬尼亞式硬舉

早安運動系列

單腳羅馬尼亞式硬舉

傳統硬舉

相撲硬舉

特殊槓硬舉（六角槓）

羅馬尼亞式硬舉

　　羅馬尼亞式硬舉（RDL）之所以會是下肢拉的代表動作，在於下肢拉的訓練部位是背後動力鏈，而背後動力鏈在屈膝幅度越小的時候，屈髖的動作越是居於主導地位。跟所有脊椎負重的動作一樣，羅馬尼亞式硬舉在髖屈伸的動作過程裡，必須要用呼吸法維持最高的腰椎穩定性，將腰椎用呼吸法固定在中立姿勢。在這個身體向前傾倒的過程裡維持腰椎中立姿勢，許多人誤將重點擺在收緊下背，使用了類似翹臀的力量去維持姿勢，這樣做很容易忽視一個事實，就是腰椎的中立姿勢並不是「只」靠著收緊背部就可以完成，跟蹲系列的動作一樣，腰椎的中立姿勢靠的是360度全方位的腹腔內壓，而不是只有挺腰翹臀，將重點擺在挺腰翹臀很容易過度挺腰，使得肋骨位置上升，核心的背後雖然收緊，但前面卻放鬆而且伸長了，要知道無論是在深蹲還是硬舉，只要我們希望腰椎可以盡力維持中立姿勢，「吸氣閉氣，壓胸夾背，扭地夾臀」的指導語就都很適用，因為這十二個字的指導與建構的是一個高強度的腹腔內壓，腹腔內壓的結構如果穩固，保護腰椎的功效遠大於僅僅收緊下背肌肉或用力翹臀。

　　挺腰翹臀的指導語只有用在一個人剛好骨盆過於後翻，腰椎過於彎曲的時候，此時用挺腰翹臀當作指導語可以恰到好處地修正錯誤，但是如果單單依靠挺腰翹臀的力量去保護腰椎，當負的重量夠重、前傾的角度夠大的時候，腰部的力量很可能就不堪負荷，會在動作到一半的時候突然改變腰椎姿勢。要知道，保持中立腰椎是最理想的狀態，若是腰椎不中立但是核心鎖得夠緊，也可能還夠撐過壓力，最怕的是在負重動作的過程中突然改變腰椎角度，此時將是受傷的高風險時刻。

　　使用羅馬尼亞式硬舉可以鍛鍊整個背後動力鏈，扭地夾臀的技術也可以迫使臀部參與動作，不再置身事外，而且可以跟下背和腿後兩大肌群相互合作，達到提升肌肉間協調性的目的，經過訓練的羅馬尼亞式硬舉是一個可以承載大重量的動作。不過，有訓練經驗的人就會發現，這個動作最終的負重極限還是受限於腰椎的承載力，也就是說，當一位訓練者做到羅馬尼亞式硬舉的極限重量的時候，那個極限重量是腰部可以承受的極限，卻未必是腿部的極限重量。為了讓腿部可以得到最大的刺激，羅馬尼亞式硬舉跟深蹲一樣，有單邊動作的版本。

羅馬尼亞式硬舉

使用羅馬尼亞式硬舉可以鍛鍊整個背後動力鏈,扭地夾臀的技術也可以迫使臀部參與動作,而且可以跟下背和腿後兩大肌群相互合作,達到提升肌肉間協調性的目的,經過訓練的羅馬尼亞式硬舉是一個可以承載大重量的動作。

單腳羅馬尼亞式硬舉（單腳RDL）

　　單腳羅馬尼亞式硬舉（單腳RDL）是一個功效非常高的動作，這個動作可以用啞鈴或槓鈴來操作，依照RDL的動作要領，只不過是在向前傾倒的過程同步後抬起一隻腳，讓身體呈現一個類似天平或翹翹板的姿勢。

　　與RDL最大的不同點在於，在做RDL這個動作的時候，重量會距離身體重心很近，如果使用槓鈴的話，槓鈴上下移動的過程都概略會保持在腳掌心的正上方，但是在做單腳RDL的時候，因為有向後抬起的一腳，改變了人體與體外重量組成的系統重心，所以手上所拿的重量不會像RDL一樣靠近身體。

　　單腳RDL雖然也適用「中軸穩定，四肢發力」的發力方式，但是在指導語（「吸氣閉氣，壓胸夾背，扭地夾臀」）方面卻有點問題，「扭地夾臀」在雙腳著地的時候很容易領會，但是在單腳著地的時候，扭地可能產生一個無法控制的大迴旋。針對這個問題，「扭地」的指導語可以暫時改為「抓地」。

　　單腳RDL可以舉起的重量超過許多人的想像，一般而言在規律的訓練之下，單腳RDL的重量可望超越自身體重，這個動作最大的好處是，因為只有一隻腳在用力，所以舉起的重量總重對於腰椎來說不算太重，但是對於腿來說很可能已經達到極限重量，也就是說，在RDL裡，最終舉起重量的極限受到腰椎或說是核心負重能力限制的情形，在單腳RDL裡剛好相反。RDL的極限重量受限於腰椎，以至於腿部的訓練可能強度不足，在單腳RDL裡，因為使用的重量遠小於腰椎的極限重量，所以限制最終重量的因素是單腳的最大肌力。所以，如果以核心的負重能力為訓練目標，RDL是較佳的選擇，但如果以腿後肌群及臀肌為訓練目標，則單腳RDL是比較好的選擇。

　　單腳RDL的穩定性可能是最大的挑戰，在穩定性尚未完善的情況下，有些穩定性退階的版本也可以使用。例如：採取單手抓握重量的方式，則可空出另一手幫助平穩，必要時可以扶在蹲舉架或牆壁上，這個幫助平穩的手，可以不必出很大的力量幫助完成動作，只要能夠稍微提高穩定性，其實就可以讓訓練者用單腳RDL的動作舉起更大的重量（穩定性與力量的交互作用原理）。另外，也可以採取後腳「虛踩」地面的方式，讓原本應舉起在空中的後腳腳尖輕踩地面，其餘動作則保持不變，這種「前後腳」版本的RDL，虛踩地面的後腳可以產生非常大的穩定效果，讓動作變得更簡單。

單腳羅馬尼亞式硬舉

在做單腳RDL的時候，因為有向後抬起的一腳，改變了人體與體外重量組成的系統重心，所以手上所拿的重量不會像RDL一樣靠近身體。另一方面，因為使用的重量遠小於腰椎的極限重量，所以限制最終重量的因素是單腳的最大肌力。

早安運動

　　接著探討另一個重要的髖屈伸動作：早安運動。早安運動是一個跟 RDL 很相似的動作，起點都是直立姿勢，只不過槓的位置不同，早安運動曾經被認爲是危險動作，被誤認爲危險的原因跟 RDL 有點像，就是許多人以爲這個動作是用下背肌在撐住重量，實際上其實是一個紮緊的核心肌群以及軀幹內部強勁的腹腔內壓。在這個動作裡，訓練者要把重量像背蹲舉一樣扛在背上，接著試著向前傾倒，直到腰部大概與地面平行爲止，過程中要保持中立的腰椎姿勢（有些力量型選手會用彎曲的背部姿勢做早安運動，以探索自己「安全駝背的極限姿勢」，這種訓練風險較高，不是人人都適合，使用時也需要特別小心）。

　　早安運動的膝關節的角度和雙腳的站立距離有幾種不同的變化，膝關節可分爲（不鎖死的）直膝或屈膝，而雙腳的站距可以設定爲窄站姿（約與臀部同寬）或是寬站姿（大於肩寬）。這兩個變項交互作用，再加上可以選擇的器材種類，最終會衍生出許多個變化動作。事實上，從早安運動的諸多變化來看，傳統硬舉和相撲硬舉其實都只是縮減動作幅度的早安運動，因爲硬舉動作的起始點是雙手抓住地上的槓的姿勢，這個姿勢的高低取決於身材比例，早安運動因爲槓鈴揹在背上，所以可以有更大的動作幅度。

窄站姿直膝早安運動

窄站姿屈膝早安運動

寬站姿直膝早安運動

寬站姿屈膝早安運動

傳統硬舉和相撲硬舉

除了 RDL 和早安運動之外，傳統硬舉和相撲硬舉也是髖關節轉軸動作的重要訓練動作。傳統硬舉和相撲硬舉因爲屈膝的角度較大，腿肌力參與的程度較高，嚴格說來已經不是純粹的髖屈伸動作，但是因爲硬舉姿勢本來就是一個日常生活中從地面抬起重物的自然動作，具有非常明顯的功能性，因此還是有相當高的訓練價值。

就像深蹲一樣，硬舉因爲是健力比賽的動作，所以也像深蹲一樣被視爲黃金指標，不過就像之前所說的，以提升人體運動能力爲目標的肌力訓練方式，無須太過於專注在某個特殊動作，大致上來說，硬舉的標準與深蹲類似，在長期使用大量變化動作的情況下，卽使只是將硬舉當作衆多訓練項目之一，並未將訓練目標專注在硬舉，也可以讓硬舉顯著提升。

避免過度專注在某種動作的原因，是因爲如此一來，身體的適應可能會開始產生專項特殊性，也就是說，以硬舉爲例，要提升硬舉可以經由提升三種能力：提升技術、提升脊椎僵硬度、提升絕對力量來提升硬舉的表現。但這裡面的三個能力，只有提升絕對力量是體能教練想要帶給選手的能力，提升技術無妨，在長期訓練之後應該大部分選手都可以找到適合自己的技術，但是技術的提升，通常也就是省力的開始，未必是絕對力量的進步，技術進步之後應致力於追求肌力的進步。

傳統硬舉

相撲硬舉

脊椎僵硬性如果很高，對於大部分運動項目的影響通常是負面的，因為太僵硬的脊椎無法做靈活快速的動作。這裡有必要做一個重要的區隔，就是核心穩定性與脊椎僵硬度不是同一件事。所謂的核心穩定性是利用呼吸法以及核心肌群的反應能力所製造的「可調節」的穩定力量，而脊椎僵硬性是在反覆的大重量壓迫之下，脊椎周遭的軟組織不斷的朝向堅硬的方向適應，最終產生了非常堅硬的脊椎，如果僵硬到無法自由放鬆，則對於運動表現來說可能已經有負面的影響了。

這是一個經濟效益的議題，如果一個動作具有高度的脊椎不穩定性，則應該要節用，同時要利用提高穩定性的動作（如有握把的動作）或是降低脊椎負重的動作（如單邊訓練）來交替訓練，既能累積訓練量，也不會在脊椎穩定性的訓練上缺席，更重要的是可以避免大量的穩定性需求迫使身體製造僵硬性。

從以上我們可以知道，下肢拉的系列動作常用的有 RDL、單腳 RDL、早安運動、傳統硬舉和相撲硬舉，訓練時的動作選擇必須要有多樣性，才能盡可能訓練出最沒有動作特殊性的絕對力量，規律的輪換訓練動作，也能讓各個動作的效益不會因為停練而消失。談完了下肢的推和拉，接下來討論上肢的訓練。

CHAPTER 5

上肢訓練

上肢水平推

　　為了運動表現而做的上肢訓練最容易發生的錯誤，是讓上肢動作與身體的其他部位失去協調，變成純粹的身體部位訓練，身體部位訓練雖然有局部肌力和肌肥大的效果，但是對於運動表現的幫助有限，所以上肢訓練的一個重要的原則，就是盡可能增加全身的參與，以下先舉3個上肢推的例子來說明：單手伏地挺身、臥推，以及雪橇前推。

單手伏地挺身

　　在我心目中，上肢推最重要的一個基本動作是單手伏地挺身。我時常推薦一個觀念給想當體能教練的人：伏地挺身系列動作應該要是你的好朋友，這個不需器材、無場地限制，隨時隨地可以做的訓練，沒有理由不練習。

　　單手伏地挺身的漸進模式非常簡單，如果正常版的伏地挺身還做不好，可以先從「推牆伏地挺身」「抬高式伏地挺身」，再過渡到正常伏地挺身。正常伏地挺身經過一陣子的鍛鍊，通常可以連續高達30-40下，甚至70-80下，限制因素逐漸從肌力水準變成能量系統。增加次數的訓練是肌耐力／能量系統訓練，而非以提升肌力為主要訓練目標，所以不必等到可以推70-80下，一旦正常伏地挺身可以連續30下，便可以開始進入不對稱的伏地挺身，將壓力集中到單側，繼續提高肌力表現。

　　不對稱的伏地挺身裡，也只需要3個簡單的動作就會逐漸通往單手伏地挺身，這3個動作依序為「弓箭手伏地挺身」「槓桿式伏地挺身」，最後是「單手伏地挺身」。單手伏地挺身如果可以超過30下，就能大致獲得徒手訓練在水平推方向的效益，

單手伏地挺身的漸進模式

推牆伏地挺身

抬高式伏地挺身

正常伏地挺身

弓箭手伏地挺身

槓桿式伏地挺身

單手伏地挺身

雖然可以繼續挑戰單手單腳伏地挺身，或是腳抬高式的單手伏地挺身，或是其他更高難度的徒手訓練動作，但這些動作的挑戰通常會越來越偏向平衡感或穩定性的挑戰，而非單純的肌力挑戰，所以通常到了這一步，我會讓訓練者開始增加自由重量訓練的比重。

單手伏地挺身的一個隱藏版的好處是，這個動作能教會訓練者如何利用脊椎穩定肌群（尤其是背肌群）增加推力，而這一點是開啟上肢推力的重要訓練過程。先前說過，以人體運動能力或提升運動表現為目的的肌力訓練，要能夠盡可能整合全身的力量到身體的一個動作裡，而對許多人而言，伏地挺身只是一個「練胸」或「練手臂」的動作，殊不知其實強大的推力有賴於穩定的身體姿勢，才能讓手臂力量發揮出來。手臂用力的過程跟腿用力的過程沒有太大的不同，因為兩者都要經歷「中軸穩定，四肢發力」或「近端穩定，遠端發力」的過程，因此，要推好一個單手伏地挺身，必須要先能夠穩住幾個地方，首先，從宏觀的角度來看，伏地挺身的先決條件是要先能夠做出平板式支撐的姿勢，所以從軀幹到下肢都要能夠全面性的「鎖住」，如果在單手支撐的情況下，身體就無法維持從肩膀到腳尖的直線姿勢，則身體的穩定性顯然是不足的，這樣一來，即使有異常強而有力的手臂，在用力的時候也會因為身體的其他部位不穩而發力受限。

要能夠穩住整個軀幹，其實背後的肌群功不可沒，許多人都忽略了一件事，就是其實闊背肌也是脊椎的穩定肌群之一，而且還是體積特別大的肌肉，粗壯的闊背肌可以讓人體穩住脊椎，穩定的中軸可以幫助釋放更多臂力。其次，從微觀的角度來看，有個地方特別需要提高穩定性，就是肩胛骨，肩胛骨作為肩關節的支撐基礎，偏偏自己又是一個會移動的結構，因此一個人是否具備控制肩胛骨的能力，也會影響單手伏地挺身的力量。壺鈴之父帕維爾（Pavel Tsatsouline）和麥吉爾教授都曾經提過類似的概念，強調身體其他部位的穩定性，可以增益動作部位的力量。

臥推

上肢水平推的另一個主要訓練動作是臥推。臥推是一個非常流行的動作，不過除了專門玩重量的選手，許多人都以為臥推是一個練胸肌的動作，因此躺平在板凳上用力做胸推，這樣的作法除了需要穩定槓鈴之外，其實近乎器械式訓練，事實上臥推也是一個可以用力整合背肌力量的動作（就像許多其他的動作一般，臥推也

絕對不是只有一種推法，以下的介紹是爲了盡量整合更多肌群參與臥推所用的指導語，介紹這種方式不表示否認其他方式）。

臥推的上半身參與

1 將背部收緊的動作，指導語爲「扭槓夾肘」，扭槓夾肘的意思是，雙手像是想要把槓扭彎一般，讓手肘朝向靠近身體的方向用力扭，此時會有挺胸夾背的感覺，讓肩胛骨向人體的中心線靠攏。

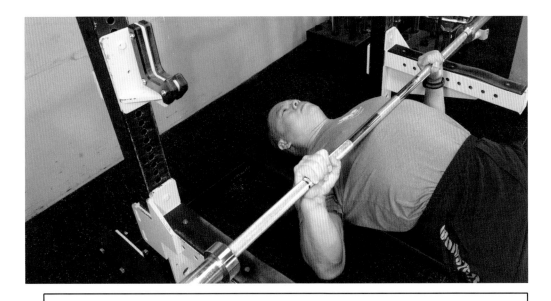

2 將重量下降到胸前，過程中，在控制速度的前提之下，用類似槓鈴划船的動作將槓鈴緩緩拉向自己，這個拉的動作並不是在加速槓鈴下降，而是藉機在這個過程中再收緊背部，讓槓鈴下降到底時背部已經收得不能再更緊，製造更多的穩定性。

臥推的下半身參與

在仰臥的過程裡，雙腳要盡量抓緊地面，從臀到腿都要用力穩定。連接上下半身的腰椎，也必須在適當呼吸法的引導下，成為一個有力的穩定結構。為了避免臥推的過程傷到腰，必須將臀部貼坐在板凳上，持續製造並維持身體的穩定性。

臥推的上半身參與

依循一樣的「中軸穩定，四肢發力」原則，臥推的時候也可以藉此原理增加推力，同時訓練身體各肌群協同用力的能力。臥推的肩胛骨，其角色就好像深蹲的腳，位於承載重量結構的最低點，需要最高的穩定性，要達到這樣穩定性，臥推的重點其實並非放在推，而是放在拉，這樣講起來雖然奇怪，但是如果仔細探究背後的機制，一切都會合理許多。當人體仰臥在板凳上。此時，可以做第一次將背部收緊的動作，指導語為「扭槓夾肘」，扭槓夾肘的意思是，雙手像是想要把槓扭彎一般，讓手肘朝向靠近身體的方向用力扭，此時會有挺胸夾背的感覺，讓肩胛骨向人體的中心線靠攏。接著吸氣閉氣，將槓鈴從架上推起至直臂姿勢，此為臥推的起點。接下來，再將重量下降到胸前的過程裡，人並不是僅僅做被動的退讓，讓重量降下來，而是在控制速度的前提之下，像是在「拉」槓鈴向下一般，用類似槓鈴划船的動作將槓鈴緩緩拉向自己，這個拉的動作並不是在加速槓鈴下降，而是藉機在這個過程中再收緊背部，讓槓鈴下降到底時背部已經收得不能再更緊，製造更多的穩定性。當槓鈴接觸到胸部的時候，雙臂用力抵緊，穩住胸口上的槓鈴，在持續收緊背部的情況下，開始用力向上推。推的過程是一個「雙臂」用力的過程，不是一個把背部放鬆回去的過程，而是在持續挺胸夾背的情況下，把槓鈴推回最高點。

臥推的下半身參與

除了上半身的積極參與之外，其實臥推的下半身也有相當的重要性，在仰臥的情況下，下肢看似並無直接支撐重量的功能，但是透過提高全身穩定性的方法，仍然可以增益雙臂推起重量的能力。在仰臥的過程裡，雙腳要盡量抓緊地面，從臀到腿都要用力穩定。連接上下半身的腰椎，也必須在適當呼吸法的引導下，成為一個有力的穩定結構。值得注意的是，當臥推的重量相當重的時候，許多人會不由自主的用力踩地，如果用力過度，就可能會讓臀部抬高離開板凳。臀部一旦抬高離開板凳，原本很均勻由頭、肩、臀、雙腳等五個點支撐的結構，突然變成四點支撐，看起來好像只少一點，應該沒什麼關係，實際上會讓整個頭部以下的身體部位只剩下肩膀和雙腳支撐，身體成為一個緊繃的大弧形，腰椎成為被用力彎曲的一個身體部位，傷害的風險會因此提高。為了避免臥推的過程傷到腰，必須將臀部貼坐在板凳上，持續製造並維持身體的穩定性。

雪橇前推

　　除了俯臥（單手伏地挺身）和仰臥（臥推）的姿勢，站姿也可以鍛鍊上肢水平推力。「雪橇前推」就是一個訓練上肢的有效方法，龍門架和雪橇都是一個很適合用來練推力的方式，讓方法是上半身呈現的是一個「站著的臥推姿勢」，雙腳一前一後，支撐身體姿勢。接著吸氣閉氣，雙腳抓緊地面，核心紮緊，將雙手用力向前推出，雪橇的重量以及地面的摩擦力成為這個動作的阻力。在身體姿勢不變的情況下，藉由將雙臂推直的動作，將雪橇推到臂長的距離之外。這個動作最大的好處，是在站姿的狀態訓練推力，與競技運動及日常生活裡發揮推力的動作較為相似。當雪橇被推到臂長的距離之後，便向前跨一步，讓胸口再次貼近雪橇，進行下一次動作。這個動作可以隨著上身的姿勢而有不同的變化動作，雪橇被推出的過程中，如果身體順勢向前傾，可以逐漸改變雙臂與軀幹的角度，可以從開始的水平推姿勢，逐漸過渡為垂直推的姿勢，最後會以一個相當傾斜的軀幹角度完成動作。

　　雪橇前推還有一個值得注意的特性，就是這個動作裡，只有雙臂推出的用力過程（向心收縮過程），而沒有像臥推時重量壓回胸口的用力過程（離心動作過程），通常肌力訓練裡，容易造成訓練後延遲性肌肉痠痛的都是離心動作的過程，因此如果想要刻意避開離心動作，雪橇前推是一個不錯的選擇，不過如果訓練的目的就是要訓練離心動作的力量，則臥推系列的動作可能比較合適。討論完了水平推，接下來探討水平拉。

雪橇前推

1 用高分腿姿勢同時將雙手搭在雪橇上，此時上半身呈現的是一個「站著的臥推姿勢」，雙腳一前一後，支撐身體姿勢。

2 接著吸氣閉氣，雙腳抓緊地面，核心紮緊，將雙手用力向前推出，雪橇的重量以及地面的摩擦力成為這個動作的阻力。在身體姿勢不變的情況下，藉由將雙臂推直的動作，將雪橇推到臂長的距離之外。

上肢水平拉

　　對於許多訓練者來說，上肢水平拉受重視的程度遠遠不及上肢水平推，從訓練文化非常盛行的美國來說，訓練者經常互相較勁的動作裡，出現頻率最高的通常是臥推，在很多想法單純的老派教練眼裡，臥推有多強，運動員就有多強，這種觀念雖然不科學，但是也未必完全無憑無據，因為絕大多數身強體壯的人，都有不錯的臥推，因此要區分有訓練經驗的人和一般人（尤其是男生），問他臥推多少是有意義的，不過在一群高度訓練的運動員裡判斷孰優孰劣，臥推就沒有太大意義了。

　　不管怎樣，我們可以推論的是，水平推力受到極度的重視，但是水平拉力就沒有同等的重視了。很多人把水平拉當成「補強」動作，當成可有可無的配菜，或是食之無味棄之可惜的輔助訓練，在沒有體能教練指導的情況下，很多自主訓練者可能根本忘記這個方向的存在，或是至少訓練動機比臥推低得多。

　　水平拉的重要性比許多人想像得要重要得多，長期訓練臥推的訓練者會發現，如果想要臥推推得好，背不可以太弱，而長期臥推且肩膀一直疼痛的訓練者也會發現，如果在受傷復原後，調整一下訓練比例，讓拉力訓練增加，過一段時間以後可能會發現，肩膀的不適感居然消失了（值得提醒的是，這不表示水平拉訓練是治療肩痛的方法，有運動傷害就必須就醫，這裡只是說，很多的肩關節問題可能跟肌力不平衡有關），實務上的經驗也告訴我們，均衡訓練不偏食的訓練者比較少發生不明原因的不舒服，例如沒有發生意外卻漸漸開始的疼痛。

　　從一個運動能力的角度來看，人體在運動場上遭遇的力量來自四面八方，身體必須做出的反應千變萬化，忽略某個主要方向的訓練是相當不妥的。肌力訓練裡，每一個方向都要全心全意地去奮戰，才會有可觀的、驚人的效果，身體很機靈，不要說如果你忽略了整個方向的訓練，會不會失去整個方向的能力，訓練只要稍微不

夠「誠心誠意」「兢兢業業」，效果就會大打折扣，所以訓練者要處理的第一個問題，是要讓自己體認，一個堡壘要強大，不可能只有正面的牆壁很堅固，背後的牆壁也要有同樣高的規格。以下介紹水平拉最重要的兩類動作：反式划船及站姿屈體划船。

反式划船

先從反式划船說起，要練反式划船，必須要有一根低單槓，高度最好可以調整，用蹲舉架和槓鈴可以搞定這件事。最簡單的反式划船是屈膝版本，訓練者仰身面對單槓，雙手握槓，身體打直與地面平行，雙腳屈膝踩地，從側面看很像一個臥推姿勢，但是要懸空，沒有臥推板凳在身體下方。這是一個徒手訓練，以移動自身體重為主要訓練方式，接著以雙手的力量將身體拉近單槓，不扭腰、不聳肩，拉到以胸口碰觸單槓為終點。有幾個變化動作可以改變難度，例如屈膝改為直膝腳著地，或是直膝且腳墊高在跳箱或板凳上。通常提升運動表現為目標的訓練，會以直膝且墊高的方式為主。

這個動作裡很值得注意的是核心的參與，為什麼伏地挺身和反式划船會在我訓練運動員和訓練自己的主要基本動作裡，就是因為這兩個動作都能夠「在動手推拉的過程裡，強迫姿勢肌群同步用力」，這樣做的目的是「增加肢體力量與姿勢肌群力量之間的連結」，因為人是一體的，不要分段訓練，力量也是集中的，不要分散訓練。徒手的反式划船可以變更難度，例如單腳支撐、單手划船、單手單腳，或是可以利用鐵鍊、槓片、負重背心等方式增加難度。

反式划船

仰身面對單槓,雙手握槓,身體打直與地面平行,接著以雙手的力量將身體拉近單槓,不扭腰不聳肩,拉到以胸口碰觸單槓為終點。

站姿屈體划船

　　站姿屈體划船屬於上肢水平拉力訓練中的體外負重動作，以提高運動表現爲訓練目標的肌力及體能訓練，要能夠同時有「移動自身體重」和「移動體外重量」的能力。站姿屈體划船就是一個可以讓身體逐步對抗越來越重的體外重量的訓練動作。

　　站姿屈體划船是一個高難度動作，因爲光是擺出不受傷的腰臀姿勢就不是一件容易的事情，它的站姿類似一個很低的羅馬尼亞式硬舉，微屈膝，挺胸挺腰挺背，最重要的是腰椎必須維持與站姿相似的中立姿勢，同時髖關節屈曲的程度要夠多。站姿一旦確立，就可以開始拉重量。

　　在拉重量的過程裡，任何輕微的姿勢擺盪都可以增加額外的力量，但是這卻是需要避免的，因爲靠身體的姿勢擺盪拉起來的力量，減低了上肢水平拉的用力，等於是省力了，而且也可能因爲腰部姿勢改變而提高受傷的風險，有句話叫「人是作弊的動物」，雖然是玩笑，但也反映了許多實務現況。絕大多數在沒有特別要求的情況下，很多人都難免發生姿勢擺盪情形，當重量變重或是反覆次數變多的時候尤其明顯，在每一次舉起重量之後，都讓重量回到地板上，可以避免連續動作造成越來越糟的腰椎姿勢。

站姿屈體划船

1 它的站姿類似一個很低的羅馬尼亞式硬舉，微屈膝，挺胸挺腰挺背，最重要的是腰椎必須維持與站姿相似的中立姿勢，同時髖關節屈曲的程度要夠多。

2 站姿一旦確立，就可以開始拉重量。在拉重量的過程裡，要避免任何輕微的姿勢擺盪，以免增加額外的力量。

六角槓屈體划船

屈體划船也可以使用六角槓來進行。使用六角槓的好處是，六角槓的重心在框框的正中間，但是沒有槓鈴擋住，對許多人來說，較容易找到穩定的姿勢，更重要的是六角槓有高握把的設計，比起使用槓鈴高了一大截，這讓絕大多數的訓練者可以在不過度前傾的狀況下將槓鈴順利放回地面。

放回地面的好處是，訓練者可以每一次都重新調整自己的站姿，吸氣閉氣，壓胸夾背，扭地夾臀，然後在軀幹不擺盪的情況下，靠自己夾背的力量以及屈臂的力量把六角槓拉起。

這種每一次都「回到原點」的划船方式，讓人有機會每次都重新將重量放回地面，重新檢查身體的姿勢是否合格。這樣的作法也增加了用高強度來操作划船這個動作的可能性。

用六角槓降低擺盪

六角槓的重心在框框的正中間，對許多人來說，較容易找到穩定的姿勢。六角槓的高握把設計，也讓絕大多數的訓練者可以在不過度前傾的狀況下將槓鈴順利放回地面。

　　上肢水平拉的動作，不論是在保健還是運動表現，都扮演了重要的地位，因此在訓練上應該規律出現。討論完上肢水平方向的動作，接下來討論垂直方向的動作。

上肢垂直推

關於這個方向的訓練，我曾經尋尋覓覓，想要找到最好的動作，但是在多年的邊讀、邊學、邊教、邊練的過程裡，我發現一件事情，就是在這個動作方向的訓練中，「個別差異」對動作選擇的影響是很大的。教練沒有透視眼，不能看穿每一個人的身體構造，但是根據經驗我相信，每個人的肩膀狀況都是不一樣的，一個動作可能你做了一點事情都沒有，但是換個人做一樣的動作就會產生肩痛，所以這是學習上肢垂直推訓練裡，必須要先了解的第一件事。

按照前面的原則，我們知道每個動作方向都有「移動自身體重」和「移動體外重量」兩個途徑可以選擇。前面的水平推、水平拉還比較容易理解，但是垂直推該如何移動自身體重呢？沒錯，是倒立。

移動自身體重的垂直推

三角倒立和靠牆倒立

讀過體育相關科系的人大多修過體操課，不管過程如何狼狽，幾乎人人都學過倒立，就算不能像體操選手一樣又翻又跳，至少靠牆倒立、三角倒立以及短距離的倒立走等動作都要能夠完成。而多年之後我學習肌力及體能訓練，才赫然發現當初的體操動作其實有某些肌力訓練的成分在裡面。當然，要幫助訓練者提升運動能力，不需要用到體操等級的難度，但是如果環境許可的話，嘗試三角倒立和靠牆倒立會獲得不少效益。

三角倒立和靠牆倒立

三角倒立

靠牆倒立

　　倒立的過程裡，即使是靠牆倒立，身體必須非常的用力才能保持直線，此時如果試著稍微離開牆壁的支持，你就會感覺到整個維持站姿的姿勢肌群都更加動員起來，這就是我們要的姿勢肌群參與。除非體操選手，或是街頭健身的玩家，倒立已經簡單到沒有難度，否則大多數的訓練者只要學會靠牆倒立肩推，就可以獲得絕大多數的效果。

靠牆倒立肩推

　　不要小看倒立肩推，它其實非常的困難，幾乎等於肩推自己的體重。你或許會問，除了體操選手，運動競賽裡什麼時候我們會需要倒立過來移動自己的體重呢？我們或許不會真的倒立過來移動自己的體重（除了比較詭異的項目如巴西柔術，破防禦時經常經歷頭手倒立階段，雙腳短暫地在空中移動尋找適當落地位置），但是肌力訓練不只是在尋求動作與專項動作的相似性，而是尋求訓練「效果」與專項動作的相似性，倒立的姿勢雖然在大多數的項目裡不會出現，但是倒立過程中那種可以同時發展「肌力」與「本體感覺」的效果是我們要的。

靠牆倒立肩推

移動體外重量的垂直推

槓鈴、啞鈴、壺鈴的肩推是垂直推移動體外重量的代表動作，有幾個東西是值得探討的。首先，肌力訓練經常有一種現象，就是「人因動作需求而選擇器材，卻又因器材形狀而改變動作」，這種現象在肩推是一個顯著的例子（奧林匹克式舉重是另外一個例子）。

在不考慮用什麼器材的情況之下，我們只想在上肢垂直推方向加壓力，但是當我們拿起「槓鈴」，突然之間就會發現在我們所想要推的動作裡，槓鈴的直線會剛好跟頭部的位置相衝突，要不我們得想個辦法幫槓鈴找到對的路徑，要不我們就得承認自己的頭顱是多餘的，我想同意後者的機率不大，所以我們必須依循前者的途徑嘗試：替槓鈴找到對的路徑。要拿槓鈴做肩推，槓鈴只能從兩個地方出發：頸前、頸後。

頸前與頸後，沒有哪一個比較好，或者更確切地講，兩者各有各的問題。頸前的問題在於頭部必須讓開，這讓頸前推從一個簡單動作變成一個複雜動作。頸後推沒有東西擋著，只需要用力往上推就好，這看似比較簡單，但可惜的是，頸後推容易迫使訓練者把兩手向外側用力張開，手肘基本上是對著正側面的，這樣的動作「有些人」會感到肩膀不適，而根據經驗發現，沒有人會因為某「一個」動作不能做，就無法得到該訓練方向的「所有」好處，所以如果頸後肩推會感到不適的人，其實大可換成其他動作。啞鈴和壺鈴沒有卡到頭的問題，是這類訓練者的優先選擇。

值得一提的是，頸後肩推有不少的負評，甚至有些人視之為危險動作，但這通常是因為尚未具備足夠的關節活動度就硬做所造成。在訓練前確認自己具備足夠的活動度，這是做頸後肩推的重要前提。

站姿肩推的姿勢有一個地方特別要注意，就是腰椎的位置，仔細觀察正在做站姿肩推的訓練者，有些人會在肩推接近最高點的地方挺腰，造成腰椎偏離了中立位置，這個動作建議要避免，因為它可能顯示了肩關節活動度不足，腰椎為了協助肩關節達到不易達成的垂直角度，因此放棄腰椎自身的穩定姿勢，去改變角度彌補肩關節活動度之不足，這容易造成肩推訓練之後，明明腰椎不是訓練肌群，卻感覺到腰部異常痠痛。

頸前／頸後肩推的對照示範

頸前肩推

頸後肩推

4

上肢垂直拉

引體向上

　　上肢垂直拉的代表動作是引體向上，引體向上類型的訓練是以雙正握、雙反握、單槓對握或是雙槓對握的方式，先將自身懸吊在單槓上，接著以全身的力量將自身拉過特定的高度。此時的核心肌群扮演了重要的穩定角色，這也是為什麼許多引體向上高手都有發達的腹肌。引體向上的下肢參與是較低的，不過以引體向上的主要目的來看，這並不構成缺陷。

　　在自由重量訓練方面，上肢垂直拉是一個罕見的領域，因為幾乎找不到一個自由重量訓練動作可以與引體向上的效果完全一致，這說起來很奇怪，但是想想也很理所當然，從垂直拉力裡，我們需要一個向上的力量讓身體對抗，才會有向下拉的可能性，在引體向上來說，單槓是靜止的，沒有提供任何力量，但是因為訓練者移動了自己的體重，體重的重力向下，相對來說單槓提供了一個向上的力量，讓人可以練習「向下拉」，但是自由重量就沒有辦法。唯一最貼近引體向上的是器械式訓練裡的滑輪下拉，但嚴格說起來已經偏向器械式訓練的範疇，而非自由重量訓練。

引體向上

仰臥拉舉

　　少數勉強符合上肢垂直拉的自由重量訓練動作之一是仰臥拉舉，就是人仰躺在臥推板凳上，或是橫臥於板凳上，讓下肢著地，上背接觸板凳，然後雙臂舉直，雙手共握一個夠重的大啞鈴，高舉過頭之後向身體後方慢慢下降，直到無法下降為止，接著在盡量保持直臂的情況下，把啞鈴拉回高舉過頭的位置。這個動作勉強算是一個垂直拉，因為至少胸肌和背肌有大量的參與，不過手臂的用力方式比較不同，引體向上主要著重在二頭肌，而仰臥拉舉則主要著重在三頭肌。

　　仰臥拉舉雖然與引體向上的功能不必然相等，但是自有其效益，所以也是一個值得下功夫的動作，可以在沒有單槓場地的時候暫時替代引體向上。

仰臥拉舉

CHAPTER 6

轉體動作

　　所謂的轉體動作，其實就是轉動髖關節的能力，這個動作形態受到的重視和理解程度遠不及下肢推和下肢拉，要探討這一系列的動作，就要先從人怎麼轉身開始討論。一般教練都知道，轉體的動作不能夠只有上半身移動，例如拳擊手揮左勾拳、右勾拳的時候，一定不是只動肩膀，或是只動胸肌和手臂，而必須要轉動整個身體，棒球選手揮棒，高爾夫球揮桿以及網球選手揮拍等動作，都不能單靠手臂完成，身體一定要參與。這個時候最常聽到的一句話，就是：「要轉腰！」不過，如果我們仔細觀察人體真正的動作方式，再參酌一些運動傷害的資料，我們會發現一件事情，那就是轉體動作裡，真正轉動的其實不是腰部，而是髖關節。

　　這不是什麼驚人的事情，因為人體的腰椎本來就沒有太大的活動空間，所以要用腰椎為軸的動作其實不會有多大的動作幅度，如果我們今天在轉體的時候，強迫要求骨盆以下（包括骨盆）都不准移動，或是乾脆坐到椅子上，全身只允許「轉腰」，我們會發現如果不轉頭的話，連要讓自己面向側面都很難，有些人可能可以達到較大的轉腰幅度，但那也不會是一個能夠輕鬆發力的動作結構（好了不要再試了，小心扭到腰）。這就跟前面談到的三關節伸展一樣，在兩腳著地的情況下如果上肢想要有力，必須從三關節伸展借力，同樣地，如果身體要用力轉一個方向，要從下肢三關節開始轉。

　　除了腳步的挪動之外，下肢三關節的轉動其實主要來自於髖關節，因為人在轉體的時候，為了提高轉動的效率，必須踮起腳尖，所以嚴格說起來這個轉身動作的最低點並不是轉動踝關節，而是轉動腳底，同樣地，膝關節也沒有什麼轉動的空間，否則巴西柔術裡的一大堆扭轉下肢關節的技法也不會有那麼大的殺傷力了。就是因為膝關節和踝關節沒有什麼扭轉的空間，所以柔術裡針對下肢的攻擊動作才會包括大量的膝蓋和腳踝的扭轉動作。既然踝關節和膝關節的轉動幅度都不大，真正轉動的其實就是髖關節，而且更重要的是，這個轉動動作的控制力可以被訓練，還可以被加重。

　　腰椎在轉體動作裡扮演的角色目前仍有爭議，有些人認為腰椎與髖關節共同分擔了轉體的動作，有些人認為腰椎是一個不宜扭轉的結構，應該要鍛鍊腰椎的穩定性，同時開發髖關節的轉體活動度，以避免腰部發生運動傷害。目前我傾向支持後者，因為運動員的腰部實在太重要了，而在許多大動作裡，腰椎跟髖關節都是扮演相反的角色（腰椎負責穩定，髖關節負責活動），才讓這些動作能夠完成，並且承受非常重的重量。

最簡單的例子是深蹲和RDL，在這兩個動作裡，我們都看到腰椎全程盡可能穩住自己，髖關節則盡可能做動作，這樣的規則（腰椎穩，髖關節動），這樣相互合作的關係在轉體動作裡並沒有什麼道理要違背。有些投擲類的運動員會傾向多發揮一些腰椎轉動幅度，以輔助強而有力的投擲，但是這些運動員通常也是腰痛較多的運動員。我們目前無法確知腰痛的原因，但是基於目前所知道的資訊，我傾向推薦開發髖關節的轉體力量，同時繼續像深蹲和硬舉一樣，發展完善的腰椎穩定力量，以提高運動能力，同時避免運動傷害。

說了半天的推論，到底「下肢轉」要用什麼動作來做呢？以下為幾個例子：理論上來說，在肌力訓練方面，可以採用「轉體RDL」和「轉體蹲」，在爆發力動作方面，可以採用「地雷管爆發轉體」和「藥球轉體拋」。不過，在實務上，轉體訓練的難處在於要找到適當的大重量訓練並不容易，轉體RDL和轉體蹲的動作也比較不容易維持安全性，因此目前實務上比較常用的作法，是用垂直式的壓力（深蹲和硬舉系列）先訓練出最大肌力，再使用地雷管或藥球訓練轉體爆發力。換言之，轉體動作的重心擺在爆發力訓練，而非最大肌力訓練。

截至目前為止，我們尚未理解下肢轉在課程設計的比重，不像上肢和下肢的推拉動作，有個概略均等的比例。我們知道轉體應該要納入，但是還不太知道與其他動作之間的訓練比例，這一部分猶待更新的資料來釐清。目前的基本方針有兩種：

第一種，如果遇到需要轉體的運動項目，至少在專項轉換期要把轉體爆發力的訓練納入課程裡，也就是用轉跨的動作訓練爆發力。若將肌力訓練階段性地分為基礎適應期、肌肉生長期、最大肌力期和專項轉換期，則在專項轉換期之前的基礎適應期、肌肉生長期、最大肌力期等，均以下肢推和下肢拉先建立力量基礎，直到專項轉換期時才加入爆發轉體動作訓練，以便把垂直方向的肌力轉成轉體方向。

基礎適應期	肌肉生長期	最大肌力期	專項轉換期

以下肢推和下肢拉建立力量基礎

加入爆發轉體動作訓練，使垂直方向的肌力轉成轉體方向

轉體動作的基本訓練方針

在非專項轉換期裡，也可以把轉跨納入動作學習課程，以輕負荷訓練轉跨動作開始訓練，再逐步過渡到較重的程度，這部分目前沒有一致性的結論，只能在安全的大前提下作個別化的處理。

CHAPTER 7

負重行走

負重行走的動作特性是單腳支撐與重心轉換，這是一個效益極高的訓練方式，尤其在過去這幾年的訓練經驗裡，訓練得越久發現效益越高。整體而言，負重行走可以被用來當作非常有效的核心訓練、全身穩定性訓練、最大肌力訓練、肌耐力訓練以及能量系統訓練。

負重行走本身是一個非常有效的核心訓練，在前面的部分已經提過核心在人體發力的重要性，在此不再贅述。不過，既然我們知道核心穩定性是發力的重要前提，我們有沒有什麼方法可以加強核心呢？負重行走是一個效益極高的選擇。核心在身體是用來穩定的，而這個穩定的過程是一個「被動穩定」的過程，所謂的被動穩定，指的是在身體有各種動作的時候，核心往往是居於一個「因應外力干擾而努力發揮穩定性」的角色。也就是說，在運動場上或是日常生活裡，我們並沒有辦法用深蹲或硬舉的「準備動作」來「預先」調好軀幹內部的壓力，以面對即將用力產生的動作，很多時候核心都是在有外力干擾之下發揮穩定的功能，例如在身體接觸的運動項目裡與對方拉扯、搶球、相撞，核心必須在一瞬間穩住自己以保護腰椎。

此外，運動場上以及日常生活裡的許多動作都不是一次性的用力，許多動作一旦開始了，就要經歷一段持續穩定的歷程，例如在橄欖球員在互相推擠的狀況下用力向前突圍，或是一般人提起購物袋走過一條街，再爬樓梯上好幾層樓高的住處，都是核心持續用力的例子。在這些動作裡，核心都要持續用力，面對外在動作的搖晃和阻力，繼續穩住自己。負重行走可以在負重之後，隨著腳步的「擾動」，持續挑戰核心的穩定性，而這正是提升被動穩定性的重要手段。

要提升核心穩定性，負重行走必須配合呼吸法來練習，以背負式負重行走為例，我們仍然必須依靠「吸氣閉氣，壓胸夾背，扭地夾臀」的技巧來提高腹腔內壓，但是，由於動作不是一次性的，不是幾秒鐘就會結束，持續閉氣可能會造成缺氧，因此必須要有換氣的機制，偏偏如果讓空氣大量的從肺裡呼出體外，能夠幫助穩定的核心內壓就會跟著下降，有鑑於此，「短吐氣」變成一個可行的作法。

前面提過短吐氣的過程裡其實核心內壓不但不會下降，反而可能在用力短吐的那一瞬間升高，而且因為人體獲得了吸氣與呼氣的機會，因此負重行走的動作可以持續相當長，而這個持續保持換氣、持續保持核心壓力以因應行走時的各種晃動與阻力的過程，核心得到了一個絕佳的鍛鍊機會，可以藉此提高被動式的穩定性。

負重行走的動作示範

在運動場上或是日常生活裡，我們並沒有辦法用深蹲或硬舉的「準備動作」來「預先」調好軀幹內部的壓力，而且許多動作都要持續用力，面對外在動作的搖晃和阻力，繼續穩住自己。負重行走的訓練可以在負重之後，隨著腳步的「擾動」，持續挑戰核心的穩定性，而這正是提升被動穩定性的重要手段。

不同的負重形式也可以對核心造成不同的刺激。單邊負重行走就是一個常見的核心訓練，訓練的方式是讓身體的一邊提舉一個重物，另一邊則保持空手（或是提舉一個不同重量的重物），讓身體左右兩側的負重是失衡的，失衡的體外負重對身體產生不平衡的負擔，對身體的姿勢造成巨大的挑戰，核心肌群在此時必須努力抵抗體外負重，不讓身體姿勢失衡，此時訓練到的穩定肌群，是絕大多數左右對稱的肌力訓練動作（如深蹲、硬舉等）無法訓練到的。

在左右對稱的動作裡，身體左邊支持右邊，右邊支持左邊，兩邊互相依靠也互相支持，間接降低了負責維持身體姿勢平衡的肌肉的工作需求。單邊負重行走讓身體的穩定性降低，強迫穩定姿勢的肌群出來工作，是一個提升姿勢穩定性的有效作法（這裡的姿勢穩定性，不要跟技術性的平衡感混為一談，姿勢穩定性指的是在外力干擾下維持身體中軸線的能力，平衡感指的是身體在各種動作當中保持身體重心不失衡的能力）。配合不同的手持重量的方式，還可以增加徵召各種穩定肌群的能力，例如用單手直臂高舉、單手屈臂高舉，或是一手高舉一手提舉的持重物方式，還可以提升上肢各部位的穩定性。

除了核心穩定性以外，負重行走也是下肢穩定性的訓練動作，如果我們仔細觀察，就會發現其實負重行走的過程裡，幾乎絕大多數的時候只有單腳真正在支撐體重，雙腳雖然都有參與，但是參與的方式是交替輪換的方式，也就是說，看似雙腳合力的動作，實則很多時間都只有一隻腳著地，另一隻腳要不是僅輕貼地面以製造穩定性，就是直接懸空讓所有的重量壓在另一腳上。

所以，嚴格說起來，在短短一趟15公尺的背負式行走裡，絕大多數的過程都是「單腳支撐體重」，然後移給另外一腳，再另外一腳，再另外一腳，有鑑於背負式負重行走可以舉起的重量可以達到2.5-3倍以上體重，壓在單腳上的壓力是非常驚人的，而在這種壓力之下，雙腳輪流支撐的動態穩定性得到非常巨大的刺激。

單邊負重行走

讓身體的一邊提舉一個重物，另一邊則保持空手（或是提舉一個不同重量的重物），讓身體左右兩側的負重是失衡的，核心肌群在此時必須努力抵抗體外負重，不讓身體姿勢失衡，此時訓練到的穩定肌群，是絕大多數左右對稱的肌力訓練動作（如深蹲、硬舉等）無法訓練到的。

背負式行走

背負式負重行走有很高的負重潛力，壓在單腳上的壓力是非常驚人的，而在這種壓力之下，雙腳輪流支撐的動態穩定性得到非常巨大的刺激。

談到這個巨大的壓力，其實不得不提一下，很多時候我們不斷強調負重行走對於核心穩定性、動態穩定性等特殊能力的效果，卻忽略了一個更明顯的事情，就是負重行走其實是一個超強的肌力訓練，負重行走當中所移動的重量幾乎是所有重量訓練裡最大的，在我們的經驗裡，負重行走的最高紀錄概略與握把式深蹲同等級，有些人負重行走多些，有些人握把式深蹲多一些，這當然與身材比例和每個人在這兩個動作裡花的時間多寡有關，但是經過數月的訓練之後，有些100公斤左右的運動員可以背負起300公斤以上的重量連續行走15公尺，這過程中的每一步都是巨大的肌力訓練。

或許有些人會挑剔地說，負重行走裡的關節動作幅度都不大，肌肉並沒有足夠的收縮幅度去接受訓練，就好像不練深蹲只練半蹲，甚至是只練連半蹲都不到的淺蹲一樣，無實際意義，不如直接練習蹲到底的負重深蹲。對於這一點我倒是認為，在過去運動科學化訓練的進展裡，我們已經知道訓練的主要標的物不是肌肉，而是肌肉在動作中扮演的角色，如果訓練的標的物仍然是肌肉，則健美式、器械式的訓練應該帶來最佳的運動表現，但是從經驗得知，這樣的論述並不正確，因為如果我們忽略了個別肌肉在整體動作裡扮演的角色，很可能就會忽略肌肉之間互助合作的功能。

許多體能教練如格雷・庫克（Gray Cook）等都曾經說過，人體是一個一加一大於二的系統，也就是說，一個動作的力量並不是參與這個動作的肌群各自的力量總和，肌群透過協調合作，會產生更高效益的力量輸出，因此，訓練的標的物不應該只是肌肉，而是整體的動作。從這個觀點來看，只要一個動作是有意義的，是符合人體原廠內建的功能，又有負重潛力，就有機會被當作肌力訓練的動作，而這個動作的肌力進步，也就能夠遷移到其他的運動表現。

行走是人體自然動作，也是一個日常生活的重要部分，且透過適當的負重姿勢學習之後，負重行走也沒有無法控制的訓練風險，是一個非常值得訓練的肌力訓練動作。

CHAPTER 8

違常姿勢

　　這裡所謂的違常姿勢訓練，不是違常姿勢的「肌力」訓練，而是直接訓練那個「姿勢」，雖然姿勢訓練難免有肌力的成分在，但目標還是在訓練姿勢，或這個姿勢下的移動方式。先說好，違常姿勢是一個概念，不是一套具體的姿勢，因為對於每一個人來說，什麼姿勢正常，什麼姿勢違常，可能是不一樣的。不過，基於絕大多數訓練者的運動特性，我建議違常姿勢的訓練要至少包含：翻滾、爬行和懸吊移動。

　　先不要在意那是個什麼東西，我們先來看一下，為什麼要練違常姿勢。

　　要回答這個問題，要先回答另一個問題，就是為什麼要做肌力及體能訓練？提升運動表現，提升戰術表現，提高日常活動能力，甚至是提高打架能力，這些都是肌力訓練的目標，也就是說，我們很清楚地知道，肌力練起來，不是用來展示的，是要拿來用的，是要用來做事情的。所以肌力訓練的最終目標不是肌力，而是人體運動能力。

　　雖然肌力提升運動表現的成效有目共睹，但也有一些例外狀況，例如有人練了半天的肌力訓練，最後唯一能夠做的事情是跟別人展現他臥推或深蹲的肌力很大，但是只要環境條件、器材類型、工作型態或粉絲人數不同，這個人的肌力就無法有效發揮，那顯然訓練大肌力的行動裡，只完成了初級的目標，就是在肌力訓練動作上達到進步，但真正的終極目標「提升運動能力」卻沒有完成。實務界戲稱這種現象是「上健身房的結果，就是讓人上健身房的能力越來越好」，這其實是一個有趣的現象，目的變成了手段，手段變成了目的。

　　所以，如果我們同意你接受肌力及體能訓練的目標是提升運動能力，接下來就要探討一個問題，就是什麼叫做人體運動能力。對於這個東西沒有標準答案，但是有很多對的答案，如果你是個跑者，你會認為人體運動能力就是能夠跑得快、跑得長、跑得久，如果你是救災部隊，你會認為人體運動能力就是要能克服環境的阻隔，完成所要完成的任務，至於我，我也可以加一項我認為重要的人體運動能力，就是搏鬥能力。所以，除了健美、健力、和舉重以外，絕大多數的運動領域所需要的能力都跟肌力訓練的動作有所差異，這是一條不小的鴻溝，而跨越這條鴻溝的，是人體最原始的「移動能力」。

　　順著這條思路往下走，提升肌力的同時若能提升移動能力，將有助於將肌力用在各種不同情境，而提升移動能力的方式之一，就是練習不常做的動作，也就是這裡所謂的「違常姿勢」，而其中的常見選項是翻滾、爬行和懸吊移動。

翻滾和爬行

　　人體原始的移動方式，在地面上除了行走之外，還有翻滾和爬行。這些訓練背後的假設，是我們如果想要操控人體、訓練人體的能力，我們要從人體的「原廠設計」著手，在人的原廠設計裡，移動方式不是只有雙腳著地，還有俯臥和仰臥形式的移動。俯臥的移動就是多方向的爬行，仰臥的移動就是蛇行、蝦行等動作，而俯臥和仰臥之間的轉換，就是翻滾。

　　翻滾和爬行並沒有所謂的標準動作，任何不會導致受傷的姿勢轉換都有其應用價值。這些動作雖非一般的肌力訓練，但彌補了肌力訓練與真實世界之間的縫隙，讓訓練者可以獲得渾然天成、靈活巧妙的肌力，而不是對準了某些器材或是某些裝備才能發揮出來的力量。在翻滾和爬行訓練裡，人體不斷地練習支點轉換的能力，也就是說，支撐身體重量的身體部位，不再只有雙腳，全身上下都要輪流擔任支撐體重的角色，身體的體重可靠手支撐、靠肩膀支撐、靠手肘支撐、靠膝蓋支撐、靠臀部支撐、靠背部支撐，而且還要能夠在支撐狀態下移動。而爬行也可以藉由移動體外重量而變成有阻力的能量系統訓練，甚至是肌力或肌耐力訓練。在地面推動著槓片做蜥蜴爬行就是這樣的一個例子。

　　翻滾和爬行有助於提升人體「掌控力量的能力」，這可以從成長中的嬰兒和青少年看出來，當人體處於自然長大的過程中，肌肉量和肌力都在提升，此時如果缺乏活動的機會，運動能力就會顯著降低。肌力訓練是一個人為製造的成長期，此時納入翻滾和爬行類型的動作，有助於掌握新長出來的肌肉和力量。

懸吊移動

　　懸吊移動是雙手版的負重行走，絕大多數的競技運動訓練都以雙腳著地的思維在分析肌力訓練的課程該如何設計，這也就是爲什麼三關節伸展力／三關節爆發力會如此重要。但是在這種思維之下，很容易忽略非雙腳著地動作的姿勢該如何發展力量。

　　寫到這裡有個問題就出現了：既然肌力訓練要盡可能貼近實際的用力方式，而絕大多數的運動用力方式是雙腳著地，那這些其他的姿勢和用力方向何須納入肌力訓練裡？針對這個議題，有兩種說法值得參考，第一種是，其實雙手懸吊的力量隱身在許多的任務裡，這些現象在戰術體能裡尤其明顯，爬繩、爬梯等動作都會需要垂直拉力，而且雙腳還眞的未必接觸地面，所以雙腳離地的移動能力未必眞的脫離現實。

　　第二種說法比較稀奇，許多的肌力及體能訓練專家都發現一件事，就是即使是很優秀的運動員裡，也有許多人的動作控制力不如小小的幼童，小小的幼童幾乎人人可以深蹲、可以爬行、可以翻滾，但是隨著人越來越成長，這些動作的控制力卻越來越差，猜測可能的原因是「用進廢退」，也就是越少使用的功能，越容易退化。

　　這也就是爲什麼將爬行、翻滾等動作放回肌力訓練課程裡，有助於啟動人體最初始的控制力源頭，讓人不再把運動動作當成「新的」動作來學習，而是直接重灌最初嬰兒降生到世界就已經隨機附贈的「原廠」軟體，因此爬行可能是破解所有動作控制缺失的關鍵。

懸吊移動

如果我們把所有的肌力訓練留在地面上的話，很多「原廠」設計的功能都很難練到，所以我們認為懸吊的移動方式不能被排除在外。

但這跟懸吊又有什麼關係呢？我們耐心探索下去。有人認為，要針對人體的「自然功能」「自然動作」做訓練，應該要先從人體到底是設計來做什麼的開始。沒錯，我們都是直立人時代的身體，我們雙腳著地，有能力抬頭挺胸，可以讓雙手自由移動，而且雙手可以做精細動作，在大多數的動作裡，人的力量「根基」都是腳，而力量的「末梢」才是手。但是，如果我們再更跳脫一大步，用力跳回遠古時代，再想一想人的身體構造，我們會發現其實人類這種身體結構其實是比較晚近的時代才站起來的，我們的身體有大量的靈長類動物的特性，而靈長類動物不是只會爬行，他們也會短暫的直立，但更重要的是，他們有大量的時間是以「懸吊」方式在移動的！

演化心理學不斷地在探討，許多的人生議題發生的原因都是因為我們是「古老的身體活在先進的時代」，而從訓練學的角度來看，也有類似的情形，我們的胸肌和背肌的生長方式很可能不只是用來協助我們的手去提菜籃、打電腦、滑手機，或是投籃或揮棒，雙手很可能是用來懸吊的。我們的胸肌和闊背肌的綜合體，根本就像是一套進階版超級天然懸吊系統，我們雙手本身的肌肉群小而細緻，適合從事精細動作，但是我們雙手都有一個隱藏版的，原廠內建的武器，就是有超強的「前臂」肌肉牽連到每一根手指，目的就是要讓雙手能變得超級強壯，細細的手指足以懸吊整個身體。

如果真如現代人的想像，人類的雙手「只」是用來做精細動作的話，我們不會內建這種隱藏版的超強肌力在手掌裡（為什麼到現代這能力對某些人來說，變成隱藏版了呢？可能又是用進廢退，所以退化了），訓練有素的武術家可以輕易用自己的手力捏碎一般人的手掌，小小的手潛藏著大大的力量，原因很可能是因為人類的身體還保有靈長類的懸吊本能。

手臂更不用說，除去搬運和拉扯重物，大多數現代人用雙手的時候，手臂看起來像是用來穩定手掌，讓手指發揮功能的穩定肌群，但是，如果真的是穩定肌群而已，只用來穩住或移動兩個小小的手掌的話，手臂的軍備力量，以及胸肌和背肌的肌肉量實在太小題大作了。但是換一個角度來看就完全合理，當人體以懸吊方式移動時，雙手成為「基底」，而雙臂的肌肉根本就強壯到足以移動整個身體，胸背肌群扮演了類似臀肌操控雙腿的角色，如果忽略了這項鍛鍊，人就會逐漸失去這種能力。

不必急著去爬樹，我們把懸吊移動的動作認真放入肌力訓練課程即可。理解人體的結構和相對應的功能之後，我們會發現如果我們把所有的肌力訓練留在地面上

的話，很多「原廠」設計的功能都很難練到，所以我們認爲懸吊的功夫不能被排除在外，人要懸空著練肌力，而且，不是只有直上直下的引體向上而已，「我們還要會懸吊著移動」，這幾乎是一個通則，就是任何時候只要情況許可，就要盡可能結合肌力訓練和動作控制能力訓練。一根單槓不要只會上下拉，還要可以左右遊走，前後移動，寬握窄握轉換，正握反握轉換，把人體的懸吊本能發揮個十足，開發每一個隱藏版的原廠功能。

翻滾、爬行和懸吊移動，嚴格說起來並不是自由重量訓練的動作，但是卻可以幫助自由重量訓練動作的成效可以更有效地遷移到眞實世界裡任何需要用力的地方，因此，在安排肌力訓練課表的時候，這類型的訓練可以放在 GPP（一般性身體準備）的部分，一方面當作能量系統訓練的動作選項，另一方面也同時獲得動作控制的效益。

以上，我們完成了動作選擇的所有介紹，接下來探討課程設計與週期訓練。

PART

3

課程設計與
週期訓練

CHAPTER 9

課程設計的基礎

　　課程設計，指的是設計每一天的訓練菜單，包含動作、次數、組數等等，週期指的是針對長期目標所規劃的訓練變化，包含如何長期選擇或更改訓練動作、次數、組數等。週期訓練與課表設計一直以來都面臨一個問題，就是專有名詞缺乏一致性，而且這個現象從學術界到實務界一樣存在。

　　不過，無論名詞的定義有多亂，所謂的週期訓練，其實都跟長期訓練的計畫方法有關，如果你從事肌力訓練夠久，你應該會明白一件事，就是任何微小的長期效果，都會遠大於劇烈的短期效果，肌力訓練的過程會使身體產生本質上的改變，讓身體的組織可以承受非常高的壓力，也讓神經系統可以動員大量的肌纖維，這些改變的綜合結果就是強壯，而這樣的過程很緩慢，需要長時間累積。但是，肌力訓練並非只是長時間累積這麼簡單，也不是每次都用盡全力那麼簡單，認真努力卻缺乏規劃，很容易導致躁進的訓練方式，而躁進的訓練則會導致停滯和退步。

　　要達到這樣的效果，需要一些特殊課程編排手段，這些手段不會無中生有，目前已知的週期訓練和課程設計依據，通常來自於三個來源：「經驗法則」「實證研究的發現」以及「因應現況所作的調整」。以下分別就這三者來討論。

經驗法則

　　所謂的經驗法則，指的是在前人大量嘗試的過程中，有些成功有些失敗，失敗的經驗會被檢討，成功的經驗會被傳承，經過數百年的累積，逐漸呈現近代肌力訓練的樣貌。這樣的過程看似沒有經過什麼科學驗證，但實際上可能是肌力訓練最主要的資訊來源，而且得出來的結論也通常可靠。「不科學卻可靠」這個說法看似奇怪，不過我們如果思考幾件事情，就會發現這其實很合理。

　　首先，科學實驗通常需要嚴謹控制的實驗流程，有些甚至需要昂貴的儀器，這樣的過程需要專業人員和場地設施的配合，是一種高度依賴特殊資源的行為。但是肌力訓練本身卻不是，任何人都可能拿起重量或甚至徒手進行訓練，任何人也都可以觀察自己和他人的進步。所以，「從事科學實驗」和「拿起重量來做訓練」這兩件事的門檻有著顯著的差異，而也就是因為這個門檻的顯著差異，使得實際訓練的經驗累積速度，是科學研究速度的不知幾百倍，所以在沒有研究的年代裡，就已經有大量的事實存在，什麼方法有效什麼方法沒效，即便背後機制未明，訓練者和實務工作者們也早就透過經驗的傳承知道該怎麼做。事實上，近代的運動科學很多時候是在以「逆向工程」的方式解構實務上已知成功的訓練方法，換言之，許多研究並不是在尋找有效的訓練方式，而是試圖尋找有效訓練方式背後的機制，以期更了解訓練的全貌。

　　經驗法則還有另外幾個優勢，包括巨量的資訊和長期的觀察，肌力體能訓練的科學研究，通常受試者有個幾十位就算是不錯的研究了，但是要從數十位受試者的數據，去推論全世界參與運動的人對訓練的反應，其精準性難免受限，但經驗法則來自成千上萬人的經驗累積，在數量上遠高過於一般的實證研究。此外，相較於實務訓練可能持續的時間，肌力體能訓練的研究時間通常偏短。以肌力訓練為例，通常至少3-5年的規律訓練才能帶來大幅度的進步，但許多實驗都在短短幾週內結束，

監控到的往往都是小幅度的進步，這些小幅度的進步雖然在統計上可能達到所謂的顯著差異，若相較於長期的效果來說，很多的進步（或退步）其實可能只是肌力發展過程中的一個波動而已。

　　經驗法則雖然在肌力訓練的領域扮演著重要的角色，但是也有明顯的限制。首先，在經驗法則的資料來源方面，很多時候需要依賴比較不科學的途徑，例如口耳相傳、網路資料或是非科學性的訓練書籍，這些資料往往容易發生偏誤，針對長期從事專業訓練的資深人士作人物誌類型的調查可能會是最能複製前人經驗的方式，不過這仍然有許多技術性的難度需要克服，例如個人觀念的轉變、資料的流失或是網路轉傳產生的超譯現象等等。此外，即便是真的有辦法取得正確無誤的資料，這個資料的內容仍然受限於原作者的個人意見，無法當作經過實驗證實的資訊來看待。因此，經驗法則固然重要，但找到最適當的訓練策略，仍需要其他資訊管道的輔助，也就是下一個要討論的「實證研究」。

實證研究

實證研究可以說是最科學的訓練資訊，透過實驗控制可以將想要檢驗的變因獨立出來，進行各種各樣的檢視和比較，用這種方法得出來的結論，可以說是人類世界中最接近事實的資訊。

話雖如此，在肌力及體能訓練的領域裡，實證研究有可能是最受限的一種資訊，人們輕易就可以發現一系列的研究限制，例如短期實驗、初學受試者、小樣本、取樣偏誤、統計偏誤、訓練方法欠缺標準化、實驗以外的條件控制不足、受試者內或受試者間的差異、心理因素未控制、可能存在共變因子以及實驗者的利益衝突等等，關於這些，以下略作討論。

在「短期實驗」方面

肌力訓練是一個長達數年的持續力成果，但是許多研究者都是大學教授，許多實驗的受試者都是大學生，由於寒暑假時期大多數樣本會離開學校，因此以大學生為樣本的實驗往往受限於學期時間的長短，把研究設定在4-16週的範圍，這樣的時間設定未必是著眼於實驗的需求，而是受限於受試者可參與的時間。

前面提到過，短期實驗所觀察到的進步或退步很可能只是長期發展歷程中的一個小波動而已，但是當這個波動被解讀為研究結果，甚至被用於不同情境中的推論時，就可能發生誤解。

在「初學受試者」方面

　　肌力及體能訓練都有明顯的初學者效應（亦可稱為新刺激效應），意思是當人體接觸一個過去不曾接觸過的訓練方式時，最初幾週甚至幾個月的時期會有非常顯著穩定的進步，而且這些進步甚至可能沒有專項特殊性。所謂的專項特殊性，指的是訓練刺激和訓練效果之間通常有一個特定的關係，例如大重量訓練產生肌力的進步、長距離耐力產生心肺的進步、爆發力訓練提升爆發力表現、肌耐力的訓練提升肌耐力表現，這就是著名的SAID原則（Specific Adaptation to Imposed Demands）。初學者階段有可能出現一些看似違反專項特殊性原則的現象，舉例來說，用兩組都是初學者的受試者進行實驗，一組做深蹲訓練，另一組做長跑訓練，經過2週之後發現，兩組的肌肉生長效果十分類似，因此做出了「深蹲跟慢跑有相同的增肌效果」的結論。

　　這樣的結論在長期訓練或教學的人眼裡，一看就會覺得奇怪，因為從長期訓練的角度來看，深蹲的肌肉生長功效顯然遠大於慢跑，慢跑的主要功效應該是心肺適應以及動作經濟性的提升，但為什麼在初學受試者身上會發生這種現象呢？這背後可能的原因是，初學受試者過去未曾進行任何運動訓練，且訓練初期並沒有能力做到很高的強度，所以兩組受試者其實都只是經歷了從靜態生活過渡到動態生活的過程而已，因此得到的訓練效果也類似。這其實顯示，專項特殊性的原則並沒有被違背，只不過是受試者的特性影響了實驗結果。不過，在網路資源氾濫、人人競爭點閱率和話語權的時候，這些研究的細節可能被忽略，研究結果直接被解讀成「研究證實○○○與╳╳╳效果相同」。

在「小樣本」方面

　　肌力體能訓練的實證研究進行不易，通常需要受試者配合一段時間的規律訓練，不能有太多的缺席，中途不能發生受傷、生病、旅遊或換工作等影響實驗的事件，有些時候甚至還要配合飲食和生活作息，這樣的重重規範讓能夠配合的人數越來越少。事實上，很多人在撰寫碩士或博士的學位論文時，最大的噩夢之一就是受試者流失。所以，一個肌力體能訓練的實驗有個20-30人已經算是不錯，50-60人算是不小的樣本了，上百人的實驗已經不多見，少數較困難的研究甚至只有個位數的受試者。樣本數少所冒的風險就是代表性的問題，也就是說，即便研究得到了某些結論，要將其應用在廣大的訓練者身上仍然可能是一個脆弱的推論。

在「取樣偏誤」方面

前面提到過，肌力體能訓練有大量的研究使用大學受試者，而且在性別平權議題受到重視之前，多數研究都是以年輕男性為受試者，以至於截至目前為止，關於年輕男性的研究仍然是多數，女性、中老年以及幼童的研究相對較少，這個現象近期已經開始改善，不過大多數人在引用文獻的時候常把針對年輕男性的研究假定為針對全人類的研究，這樣容易產生偏誤，這問題需要等到研究的受試者多樣化的程度夠高時才會解決。

在「統計偏誤」方面

大多數肌力及體能訓練研究都是以分組相比的方式，來比較不同訓練方法的效果差異，而這必須使用到一些統計檢定，但是統計檢定通常是以平均數的概念來看各組之間的差異，透過對標準差或變異數的分析，來判斷兩組之間的平均數差異是否達到顯著的程度。這樣的方式當然是一個被廣為接受的研究方法，但是如果從每一個受試者「個人」的角度來看，情況可能會有所不同。

舉例來說，假設研究者將受試者分為兩組，一組進行A訓練方法，另一組進行B訓練方法，經統計後發現A組的訓練效果優於B組，達到統計上的顯著差異，研究者自然可以下一個結論，就是A組的訓練法優於B組。但是如果我們逐一檢視每一個受試者的數據，很可能會發現無論是A組或是B組當中，都是有些人進步，有些人退步，所以對於某些人來說，A組訓練法可能不但無效，可能還有反效，這就是統計檢定跟個案分析的差異。在肌力及體能訓練的教學現場，處理的永遠是一個一個的個人，如果一位訓練者對於某一種訓練方式始終沒有產生預期的反應，教學者顯然不能以「研究說這種方法有效」為理由繼續硬練，比較好的方式應該是觀察個案的個別反應，並且依照觀察的結果進行安全的調節，一邊探索一邊修正，才能編排出最適當的訓練方式。

訓練方法欠缺標準化

這是肌力及體能訓練研究領域一直存在的問題，同樣針對深蹲的研究可能有著不同的下蹲深度標準，同樣針對引體向上的研究可能對引體向上的動作標準不一，

許多研究甚至連專有名詞都不統一，相同的名詞在不同研究中可能有著不同的定義，不同的名詞在不同研究中可能代表相同的東西，週期訓練裡這樣的例子屢見不鮮，導致很多研究的結論很難應用在實務訓練領域。

實驗以外的條件控制不足

這是另一個常見的問題，所謂實驗以外的條件控制，指的是除了實驗設計所包含的訓練內容和測驗條件之外，其餘諸如飲食、睡眠品質、心理壓力、健康管理的問題。研究通常假定這些條件有一定的均值性，或是認爲這些因素與實驗無關，但實際上這些因素往往既非均值，也非無關，以致於研究存在明顯的干擾因子卻不加以控制。這樣的狀況可能導致的結果是，研究顯示幾種不同的訓練方式之間並無差異，但實際上並非無差異，而是太多的變因導致結果不易被釐清，以致於無法達到統計的顯著性。

「受試者內或受試者間的差異」方面

所謂的「受試者內」，指的是同一個受試者在接受先後多次訓練或測驗時，通常被假定爲一個「固定不變」的人，但是人每一次訓練或測驗時的身心狀態未必相同，這部分的因素不容易被計算，所以常被假定爲不變。「受試者間」的差異就是大家熟知的個別差異，一個實驗依照研究的需求設定了受試者條件之後（例如30-40歲無訓練經驗的女性，或是參加國際級比賽的青少年運動員），通常就被假定「他們都一樣」，但事實上符合幾個條件的數個受試者，仍然可能具有非常大的個別差異，只是研究上不一定會再作區分或對其加以控制。

心理因素未控制

這很可能是訓練類實驗的重大盲點，肌力及體能訓練的研究中，往往需要受試者達到某種程度的努力，例如測量深蹲最大肌力、測量持續跑步到力竭的時間、測量下肢最大伸展程度等等，這些都需要受試者忍受某種程度的痛苦去勉力達成，也因此，這類實驗需要受試者有高度的參與和表現動機。

　　但是受試者「不一定」每個都很有動機，而在需要最大努力的實驗裡，缺乏動機會直接影響努力的程度，也就會直接影響最高表現。研究上往往以「受試者進行實驗時，有研究人員在旁鼓勵以維持動機」或者是其他類似的敘述來說明心理因素「應該不太會影響結果」，除此之外可能就不再深究心理因素對實驗造成的影響。

可能存在共變因子

　　指的是一個研究可能有足以影響結果的因素未被發現。舉例來說，假設某個研究試圖比較「肌力較強的運動員」和「肌力較弱的運動員」之間的爆發力差異，測驗的方法是奧林匹克式舉重，結果沒有注意到實驗中肌力較弱的運動員偏偏都是舉重動作較為純熟的運動員，肌力較強的運動員過去都是用健力三項進行訓練，舉重動作較為生疏，結果兩組比較起來發現肌力強和肌力弱的運動員爆發力沒有差異，但這個結果並不是肌力造成，而是一個未被控制的舉重動作熟練度所造成，這種未被發現或未被控制的共變因子就可能大幅影響研究結果。

實驗者的利益衝突

　　這個現象在任何領域都可能發生，肌力及體能訓練也不例外，研究者可能有開發器材或訓練課程來販售的意圖，於是在實驗過程中無意識的特別關注特定受試者的表現，或是在評量的時候給予更多的試誤機會，都可能污染實驗結果。或許有人會說，許多研究者是大學教授或專職研究人員，並不從事商業行為，應該比較沒有利益衝突，但是從過去的經驗得知，建立學術的權威地位對於研究者來說，可能是一個不亞於商業利益的誘因，研究領域裡為求發表著作而抄襲內容或竄改數據的案例並不少見，同儕審閱制度也不一定有辦法即時抓到這類錯誤，因此所有研究都視為客觀中立的看法可能過於樂觀。

　　這並不表示研究完全無法證實任何事，而是在強調解讀研究的結果要非常謹慎，通常一種論述需要許多研究同時支持，才算是有足夠的真實性。

　　以上關於實證研究方面的限制，已經是壓縮過的篇幅，如果要一一分項論述，可能會離題太遠，但之所以列出如此多的研究限制，其實是因為研究被視為最貼近事實的資訊，如果不對這種資訊抱持最謹慎的態度，盲從研究結果很可能跟迷信傳統一樣糟糕。

　　不過，這是否就表示研究隨便看看就好不必在意呢？倒也不是，研究應該要跟經驗法則一起考慮，如果一個訓練方法的研究結果與經驗法則相符，則我們應該可以相信這個方法的真實性，如果是不相符的，接下來就應該透過邏輯推論或更多的研究去尋找真相，而不是依賴研究或經驗的任何一個極端。

因應現況所作的調整

前面提到的「經驗法則」和「實證研究」，都是關於如何「規劃」一個訓練課程，但實際上，課程需要的不只是規劃，更需要的是「調整」。規劃是對未來作出預測的行為，但調整則是因應現況而改變訓練方法。卽便在不考慮個別差異的情況下，同一個人的訓練都可能因為人處於不同的發展階段而有所不同，這裡就來介紹一個「主要效果決定因素」的概念。

主要效果決定因素

造成訓練效果的因素有很多，包括訓練強度、訓練量、訓練頻率、訓練時間及動作選擇等等，所謂「主要效果決定因素」，指的是對於一個人的現況來說，最主要造成效果的因素。舉例來說，一個過去都過著靜態生活的人，其實只要能夠從靜態生活改變為動態生活，肌力及體能就會有明顯的初期進步，但這是否表示這個人一輩子就只需要保持輕鬆活動，就能夠持續提升肌力體能呢？顯然不是。如果想要製造身體素質的大幅提升，正式的肌力及體能訓練計畫應該是必要的，而這也就是訓練強度、訓練量、訓練頻率、訓練時間以及動作選擇等等因素開始變得重要的時候了。

對於初期肌力特別弱的人，其訓練的「主要效果決定因素」應該會是訓練強度，因為此時的最大肌力實在太低，若使用更輕的重量做低強度高反覆的肌耐力訓練，或是用中強度中高反覆次數進行肌肉生長訓練，身體可能不會得到重量訓練的效果，所以此時此刻的主要效果應該來自於重量，讓身體安全而規律地接觸重量，便會看到肌力逐漸進步。

　　隨著最大肌力逐漸提高，此時用相對較重的重量進行肌耐力或肌肉生長訓練開始變得有意義，用中低強度高反覆的訓練，獲得較大的訓練量之後，身體開始大幅度的適應，也就是說，在強度已足的情況之下，「主要效果決定因素」逐漸變成訓練量、訓練頻率或訓練時間的長短。

　　對於已經很強的進階者，由於大肌群多關節的大重量動作已經高度發展，可能會出現邊際效應遞減的現象，此時如果希望再進步，可能會需要增加針對弱點的補強，或是開始策略性的輪換主要訓練項目，因此「主要效果決定因素」可能是動作選擇。

　　主要效果決定因素的概念並不難理解，實務上比較困難的是如何判斷何時需要作出改變，而這就是我們所說的「因應現況所作的調整」。因應現況調整的功夫大概是肌力體能訓練領域裡最不容易掌握的部分，許多人說肌力體能訓練是「科學與藝術」的綜合體，經驗法則和實證研究都有很大程度的科學性，但是因應現況調整這件事則充滿了藝術性。藝術細胞的養成需要長時間的接觸和思索，如果要提升這方面的能力，大量累積有意義的教學經驗格外重要。

　　所以，週期訓練其實是一個長期而持續的進步過程，課程設計是構成週期的一磚一瓦，好的週期帶來穩定的進步，不好的週期帶來停滯、退步或受傷。而要安排好的週期，實務上的經驗往往要比理論提供更多的參考資料。以下接著探討的重要議題，就是提升肌力的基本策略。

CHAPTER 10

肌力訓練的進步方式

肌力訓練的策略

　　肌力訓練的目標有很多，隨之而來的訓練方法更是五花八門，許多訓練方式在被發明或發現之時，都是為了解決特定的問題，但當大量不同的訓練方式累積至今，又在網路便利性的助長之下，資訊爆炸的情形讓人無所適從。若不考究每個訓練方式原本的意圖，許多訓練課表都看似有效卻又可能難以適用。因此，在討論訓練週期之前，應先理解，每一種訓練課表都是工具，工具沒有對錯，只有應用時機的問題，所以學習課程設計和週期訓練，其實關鍵不在於收集了幾種課表，而在於理解每一種訓練方式的應用時機。針對不同目標的訓練方式，可見下頁「肌力訓練策略圖」所示。

肌力訓練策略圖

*
低強度×高反覆

***
中強度×中反覆

*****
高強度×低反覆

***
中低強度×高速度

***
低強度×低反覆

****
變化動作

代謝性
壓力

肌纖維
損傷

機械性
壓力

提高肌肉
橫截面積

提高
神經徵召

降低
神經抑制

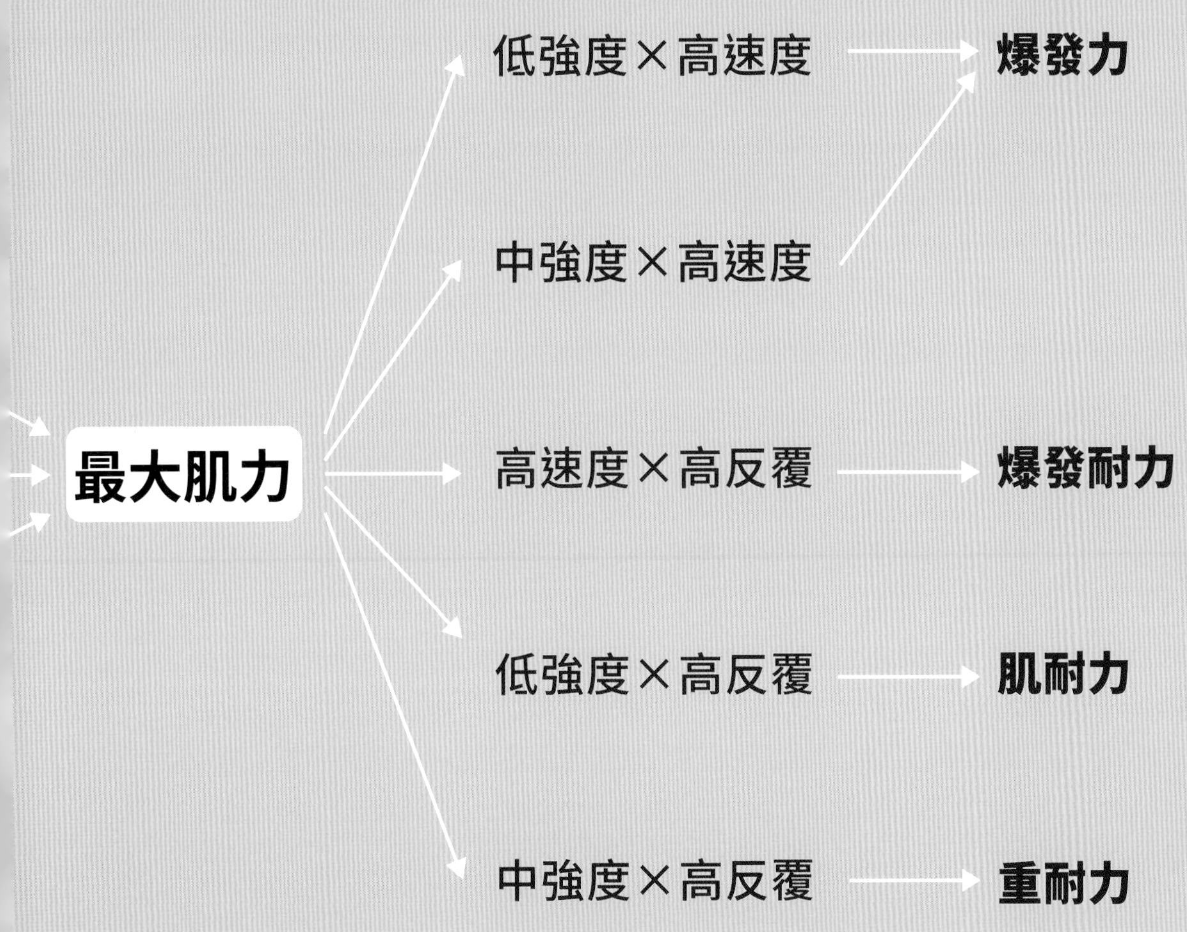

低強度×高速度 ──→ **爆發力**

中強度×高速度

最大肌力　高速度×高反覆 ──→ **爆發耐力**

低強度×高反覆 ──→ **肌耐力**

中強度×高反覆 ──→ **重耐力**

> 圖中央的「最大肌力」，是整個訓練計畫最重要的重點，在最大肌力四個字左邊所有的東西，代表著提高最大肌力的幾種策略（＊符號代表對最大肌力的直接影響程度），在最大肌力這四個字的右邊，則是因應專項或任務需求的專項轉換訓練。

　　這樣的策略代表的是一種應用「儲備力量」的訓練思維，許多人在探討運動員肌力訓練、軍警消戰術體能或一般民眾的健康促進，往往會陷入一種思維，就是認為肌力訓練的目標分為肌耐力、肌肉生長、最大肌力和各種爆發力，需要哪一種能力，就直接致力於那種能力的訓練。這種思維引導下的訓練觀念，往往造成一些需要速度的運動員一直做爆發力訓練，需要耐力的運動員一直做肌耐力訓練，這種跳過最大肌力，逕行專項肌力訓練的作法，往往導致短期進步後就停滯，或是過度訓練和受傷。

　　會發生這樣的情形的原因是，相較於最大肌力，肌耐力和爆發力訓練本身都只有較小的適應窗口，在短期之內進步之後就會停滯，或者說是訓練效果暫時「飽和」，而相較於肌耐力和爆發力訓練，最大肌力訓練有較大的適應窗口，長期訓練可以帶來長期進步。除此之外，更重要的是，最大肌力對於肌耐力和爆發力有「加持」的效果，而這就是我們一再提到的儲備力量的觀念。換言之，當一個人的最大肌力遠大於任務所需的時候，要把這個任務加速度或是增加反覆次數都會變得容易。這當然不表示肌耐力和爆發力沒有可訓練的空間，只是從長期訓練的角度來看，先花一段時間致力於提高最大肌力，然後再用這個新的最大肌力為基礎，去從事耐力或爆發力訓練，會好過於長期只針對肌耐力和爆發力做訓練。

　　而這也揭示了「長期」訓練的重要性，許多運動員或運動教練在從事訓練時，對肌力及體能缺乏規劃，總是利用賽前魔鬼訓練的方式提高專項所需的肌力和體能，而由於賽前魔鬼訓練通常是短期的訓練（例如4-6週），為了看到效果，選手和教練可能會捨棄比較有長期進步空間的最大肌力，直接在短短4-6週內的時間拼命練爆發力或肌耐力，因為如果在只有4-6週的短時間裡從事最大肌力訓練，大概會在尚未看到明顯效果之前，比賽就已經到來，但是肌耐力和爆發力都比較有短期促進的潛力，但也比較容易在短期進步後隨即停滯，因此當選手和教練總是依賴賽前集訓的手段來從事肌力及體能訓練時，直接就比賽所需的肌耐力或爆發力來訓練，變成看似比較好的作法。

　　但是，如果放長遠來看，最大肌力有機會在數月之後顯著提高，提高最大肌力之後，再用較高的最大肌力進行專項肌耐力或爆發力訓練，可以收到水漲船高的效果。因此，先提高最大肌力之後，再轉換出適合專項運動的肌耐力或爆發力，才是比較穩固可行且長久的作法。即便是在同時訓練最大肌力、爆發力、肌耐力等多種能力的「同步訓練」（concurrent trainaing），肌耐力和爆發力看似是和最大肌力在同一時期訓練，最大肌力對肌耐力和爆發力的「加持」效果仍然存在，所以即便採

取同步訓練的訓練方式，如果最大肌力長期沒有進步，肌耐力和爆發力也很有可能在短期進步後停滯。

　　理解這張圖的基本概念之後，接下來講解圖上各個部位的細節。從最大肌力左側看起，我們看到提升最大肌力的3種常見的策略：「提高肌肉橫截面積」「提高神經徵召能力」以及「降低神經抑制」。

提高肌肉橫截面積

　　就是所謂的肌肥大訓練，這其實是提升最大肌力的重要途徑之一，不過這裡要先區分一下，所謂的肌肥大訓練其實包含了「纖維型肌肥大」（Myofibrillar Hypertrophy）和「肌漿型肌肥大」（Sarcoplasmic Hypertrophy）。纖維型肌肥大，指的是肌纖維因為對抗較大的阻力，因而逐漸變得粗大。肌漿型肥大，則是肌力訓練過程中因為經歷了較高的反覆次數，導致較多的疲勞，致使肌肉傾向堆積更多能量物質和體液，導致肌肉外觀變粗大。這兩種肌肥大通常在訓練過程中都會發生，沒有清楚的界線，大原則是當訓練的強度較高（例如最大肌力80%以上），會偏向較多的纖維型肌肥大效果，而強度較低（例如最大肌力70%以下的力竭式訓練），會偏向較多的肌漿型肌肥大效果。整體而言，纖維型肌肥大對於最大肌力的提升效果較佳，肌漿型肌肥大則偏向有較好的耐力。肌肥大之所以可以成為提高最大肌力的有效途徑，是因為當肌肉質量上升時，肌肉橫截面積也會跟著增加，每一單位的肌肉橫截面積可以產生一單位的力量，所以當肌肉橫截面積變大時，也就有潛力產生更大的力量。

提高神經徵召能力

　　有幾種不同的機制與產生最大肌力有關，要說明這一點，必須先回顧一下前面提過的肌力訓練的「大小原理」，肌力的表現可以說是許多「運動單位」合作的整體表現，所謂的運動單位指的是運動神經元和其所支配的肌纖維，同一個運動單位的肌纖維類型（例如快縮肌、慢縮肌）都是一樣的。有些運動單位很大，一條神經支配了很多肌纖維，例如大腿的運動單位可能有上千條肌纖維，有些運動單位很小，一條神經只支配少量的肌纖維，例如眼外肌可能只有6條肌纖維，而不管大小，只要一個運動單位被啟動，這個運動單位的所有肌纖維都會收縮。

　　肌肉收縮的時候，運動單位的徵召順序是由小到大，而徵召的程度是依照阻力大小而不同，面對小的阻力，慢縮肌纖維組成的小運動單位就足以應付，快縮肌纖維組成的大運動單位就不需要參與。面對大的阻力的時候，小運動單位仍然先啟動，但是因為不足以應付任務需求，所以會開始徵召大運動單位，直到足以對抗阻力，產生動作，所以提高神經徵召能力的第一種方式，就是盡量對抗高阻力，以肌力訓練來說，就是要做高強度區（最大肌力的85%以上）的訓練，才能充分徵召快縮肌纖維。

　　除了高強度訓練，徵召快縮肌纖維的另一個方式，是做快速的動作，在使用中低強度的重量做訓練時，如果有意識地刻意加快動作速度，也可以提高對快縮肌纖維的徵召。實務上的作法包括舉重衍生動作（weightlifting derivatives）、增強式訓練（plyometric training）、彈震式訓練（ballistic training）、使用彈力帶或鐵鍊所製造的變動強度訓練，或使用最大肌力30-80%的強度做高速度肌力訓練。

　　最大肌力訓練和高速度訓練，都可以迫使身體動用快縮肌纖維，所以這兩者都是可以用來提高神經徵召的手段，值得一提的是，這兩個方式單獨實施的時候都會有一些局限，連續高頻率的大重量訓練容易導致較多的疲勞，連續高頻率的爆發力訓練很容易遇到進步的瓶頸，以適當的比例讓兩者交替出現似乎是比較可行的作法，這部分在共軛訓練法會有更多的討論。

降低神經抑制

　　「降低神經抑制」依循的機制比較特殊，這種訓練方式認為肌力的提高除了可以來自肌肉量變大或神經徵召能力變強之外，也可以透過解除神經抑制的途徑來達成。降低神經抑制與提高神經徵召能力是一體的兩面，長期訓練的人都會有一種經驗，就是身體局部的疲勞或損傷，可能會大幅度抑制肌力的發揮。舉例來說，腰部些微的疲勞或不適，可能會導致深蹲或硬舉的重量大幅下降，有些時候甚至身體沒有感覺明顯的疲勞或疼痛，但是在上次大重量訓練過後，短期之內都無法重複一樣的強度，這有一種可能的原因是上次訓練過後在身體某些部位（例如膝關節、腰椎或是肩膀等等）的關節表面或肌肉內部有細微損傷，損傷細微到人體並無法察覺，但是身體的自我保護機制已經啟動，為了保護細微的損傷所以避免用力。發生這種情形時，訓練者通常也會發現只要換個力學結構略有差異的動作（例如把背蹲舉改為前蹲舉），很可能會突然恢復力量，這是因為局部細微的損傷在不同的動作當中被

避開，身體不再感到危險，所以重新「釋放」力量。值得一提的是，換動作的作法不一定保證成功，要剛好避開目前的損傷才會有效，偏偏這類細微損傷不易察覺，訓練者通常要有一些經驗才能判斷。

受傷會抑制力量的現象讓我們知道，如果是以提高最大肌力為目的，訓練當下要找到身體最可以用力的動作才有意義，如果勉強硬做身體已經在抗拒的動作，同時又硬要提高強度，結果往往是挫折或造成更多損傷。所以，週期性的主動輪換動作是一個可行的作法。

從受傷抑制力量的現象可知，神經系統的抑制效果會大幅影響力量的輸出，如果擴大思考範圍，會發現更值得探討的議題是：會不會人體其實本來就有巨大的力量，就算在沒有受傷或疲勞的狀態，人體平常也處在神經抑制的狀態？換言之，我們所謂的正常，是否距離真正的力量潛力甚遠？我們是否可以靠著大幅解除神經抑制的方式提高最大肌力？

我們先來探討一下人體潛力的問題。從人類生活中的一些特殊事件裡，「人類具有高力量潛力」的假設顯然有跡可尋。人在一些特定的精神狀態下，可能會展現超乎平常的大力量，例如在比賽場上，競賽的焦慮、觀眾的熱情鼓勵、對手的激發或是獎勵的誘惑之下，都經常讓運動員發生「超水準演出」，這些在比賽場上多出的力量，其實還是來自於運動員本身，只是平日沒有足夠的環境刺激，無法經常展現出來。此外，從一些社會案例也會發現，因為濫用藥物或酒精導致精神失常的人，即便身材嬌小，也可能需要好幾位執法人員才能制服，但在藥物或酒精失效之後，便即恢復正常。另外，有陪產經驗的人應該會知道，產婦在分娩的時候全身產生的力量十分驚人，如果此時牽著產婦的手陪產，陪產的人會覺得手快要被產婦捏斷。這些現象雖然都不是什麼標準化的科學觀測，也很難釐清可能干擾這些現象的其他因素，但是這都同樣指出了一種可能性，就是人體原本就具備很高的力量潛力，只是在一般條件下無法展現出來。

肌力訓練是否能夠製造出足以解除神經抑制的效果呢？前面提到的提高神經徵召本身就是一個方法，藉由讓人體習慣接觸高強度刺激，同時又可以安然度過訓練過程，讓神經系統「放心」，釋放更多力量出來，這是一個可行且已經行之有年的作法。不過，這種作法的優點也是局限，畢竟一再入侵高強度區時，所冒的風險就是如果不小心做過了頭，沒有讓神經系統放心，反而「嚇到」神經系統，讓神經系統更加緊縮用力的「權限」，這會導致力量逐漸減退的反效果。

　　針對這種現象，一種相反的操作方式是，故意使用特別輕的重量，每次訓練用非常小的訓練量，但是用高頻率的方式跟神經系統「交涉」，「連哄帶騙」讓神經系統越來越放心，然後開始偷偷增加訓練強度。這種訓練方式絕大多數是在遊刃有餘甚至是很輕鬆的範圍做訓練，當很輕鬆變得太過於輕鬆，就加點重量回到遊刃有餘的範圍訓練，訓練者不預先規劃何時要加重到哪個重量，純粹憑著身體的感受決定訓練的重量，當身體準備好的時候，再順其自然加重量。

　　以上是幾種提高最大肌力的常見作法及背後機制的說明，接下來將探討這些機制在長期肌力訓練裡如何運用。

2

肌力訓練的理論模型

認識分解效應和合成效應

對於身體來說，訓練是一種外在刺激，刺激如果夠強烈，就會對人體原本的恆定現象產生擾動，人體每天都持續經歷新陳代謝，而新陳代謝可以說是一個包含了「分解效應」和「合成效應」的運作過程，分解效應的作用過程裡，身體分解掉無用或是老化及損壞的組織，在合成效應的作用過程裡，身體依照當前的需求建造新的組織，或是提高特定的身體功能，準備當刺激再次來臨時可以有更強的抵抗力。

每個生物體都要適應環境，因此每個生物體的新陳代謝狀態都會因應環境刺激作出適當的反應。當然，不是每一件事情身體都能作出反應，也不是所有的反應程度都相同，運動科學很重要的一個貢獻，就是從劑量反應關係的角度，定義出有後天適應空間的身體能力，以及可以造成進步的刺激和恢復手段。

這樣的現象對訓練學的意義十分重大，因為訓練等於是對身體輸入刺激，而不同的刺激方式可以誘發身體隨後的新陳代謝反應，使身體朝向我們想要的方向去發展。如果我們覺得身體有太多龐大而無用的組織（例如過多的體脂肪），則我們可以藉由分解型的訓練和飲食方式，將身體的新陳代謝導向分解型的方向，如果我們需要身體建造新的組織（例如肌肉量），則我們可以藉由合成型的刺激和飲食方式將身體的新陳代謝導向合成新組織的方向。如何誘發想要的身體反應，很重要的一件事是調控輸入刺激的方式，而這也就是課表設計最核心的議題。接下來，將探討關於人體對刺激而產生反應的一些理論模型。

一般適應症候群

面對多變的自然現象，當然人們無法精準掌控所有變化的時候，一個常見的作法是建立理論模型。而跟我們目前探討的議題最相關的，是「一般適應症候群」和「體能疲勞模型」。

回到針對肌力進步的討論，身體在肌力訓練中經歷的是一個從刺激到向上適應的過程，這個過程依照漢斯·塞利（Hans Selye）所提出的一般適應症候群（Gemeral Adaptation Syndrome, GAS）而發生，所謂的GAS指的是生物體在遭遇外來刺激的時候，這個刺激會造成對身體恆定現象的擾動，這過程被稱為「震盪期」，這段時間生物體的狀態會變糟。以肌力訓練來說，這就是剛做完訓練後的那一兩天，身體會覺得困乏，力量也比訓練前要來得弱。但是，只要這個刺激並未造成永久性的破壞，生物體在刺激結束過後，就會開始從這個糟糕的狀態慢慢恢復，而且更棒的是，恢復後會突破訓練前的狀態，達到一個比先前還要更好更強的水準，這個向上適應的過程稱為「阻抗期」。

在一般狀況下，只要刺激的壓力夠強但又不要造成永久性的破壞，刺激過後又可以給予充分的恢復時間，這個「從刺激到恢復」的過程可以不斷重複，每次刺激之後退步一點，每次恢復之後進步到比原先更好一點，而在這個比之前進步一點的時刻，再次施予比之前多一點點的刺激，就可以再引發一次反應，如此一來，生物體抵抗外力的能力，就呈現了一個波浪狀的向上曲線。由於這個現象至少經歷了四個過程：刺激（stress）、疲勞（fatigue）、恢復（recovery）、適應（adaptation），因此也有人把這個過程稱作SFRA，或是省去其中的F（疲勞），簡稱為SRA。

如果刺激太過強烈，或是休息恢復不足，原先的進步就不會發生，取而代之的是越來越退步的現象，因為每次刺激之後產生了一次退步，但在還沒有恢復到比原先更好的水準之前，又再次被施予刺激，導致再一次的退步，一連串的退步最終變成一個波浪狀的向下曲線，進入所謂的「耗竭期」，變成一個向下適應的現象，而這是我們在肌力訓練裡不希望發生的。

再進一步分析，對身體的刺激必須要有足夠的強度，才能夠產生足夠的擾動，如果刺激太微弱，身體沒有得到足夠的擾動，就沒有調整新陳代謝的必要。此外，下一次刺激的時機也很重要，如果休息時間太長，生物體即使受到有效的刺激，但

是在向上適應之後沒有後續的刺激，身體也會慢慢恢復到原有的水準。由此可知，練太少或休息太多，也可能會等於沒有訓練。

有人或許會說，保持不變的狀況也很好，我不想要付出太多時間訓練，也不在乎有沒有進步，我只要「保持」現有的狀態就好。這樣的說法看似合理，但這樣的看法並未考慮人體會逐年退化這件事。一般而言，30歲以後的人體「不進則退」的現象會越來越明顯，即使是運動員也一樣，年長的運動員也會感覺到年紀帶來的退步，爲了避免這樣的情形，必須努力地訓練才能稍微抵銷退化的現象。換言之，要做到肌力長期保持不變，其實也不是一件容易的事，因此一開始就用保持現狀的心態去訓練，可能過於消極。

一般適應症候群或是SFRA，是絕大多數運動科學教科書會引用的例子，這對肌力訓練或是整個運動訓練的作用機制作出了簡單扼要的說明。不過，如果一般適應症候群是一個對肌力訓練效果的完整論述，這個模型應該可以充分解釋肌力訓練的整個現象。但是我們會發現，一般性適應症候群的描述只解釋了肌力訓練一部分的現象，更具體來說，只解釋了初學者最初經歷的那幾個月的現象。當一位初學者從沒有任何肌力訓練基礎的狀況下開始訓練，幾乎每位初學者都會經歷一段美妙的新手蜜月期，在這個時期裡，每次訓練都會依循著GAS或SFRA所描述一般，每一次刺激（訓練）之後，都會先產生疲勞，然後疲勞會恢復，然後恢復的程度會超過訓練之前，這個過程經過多次複製之後，就會產生明顯的向上適應現象。

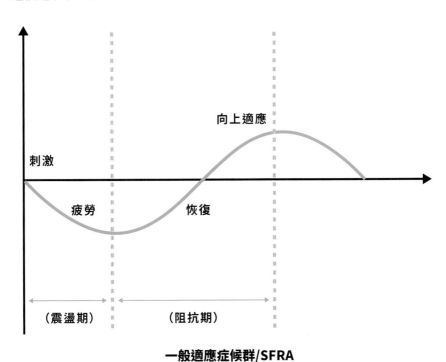

一般適應症候群/SFRA

這樣的現象如果可以不斷持續，的確符合一般適應症候群的描述，每次訓練過後，給予適當的恢復，就可以用更重的重量刺激一次，然後讓身體恢復。但是，總有一天這個進步是會停止的，初學者蜜月期終將變成「撞牆期」，肌力進步停滯，試著利用更大重量刺激也無法產生進步。這是幾乎所有從事重量訓練的人都經歷過的事，但卻也是一般適應症候群從字面上所無法充分解釋的現象，此時此刻的問題是，如果每次刺激都會產生疲勞、恢復及向上適應的流程，那進步應該永無止境，可為什麼有那麼一天，一切突然間停滯了呢？

體能疲勞模型

要解釋這個問題並不是一件容易的事，不過有另一個模型似乎提供了更好的解釋，加拿大肌動學專家艾瑞克・班尼斯特教授（Eric W. Banister）發表的「體能疲勞模型」（Fitness Fatigue Model），可以對肌力進步的機制作出更完整的詮釋。這個模型與一般適應症候群的不同之處在於，體能疲勞模型並不認為刺激、疲勞、恢復、向上適應是一連串先後發生的事件，而是認為在對身體施予刺激之後，身體會同時產生「疲勞」和體能的「向上適應」這兩個現象。

向上適應是「加分」的項目，疲勞則是「扣分」的項目，當身體在這兩個現象同時出現時，我們並不會知道實際上體能向上適應有幾分、疲勞有幾分，但從身體外顯的能力來看，我們可以看得到體能和疲勞的「淨效果」，訓練之後的1-2天時間裡，疲勞通常會很明顯，所以體能和疲勞的總和會是負分，但是當疲勞得以消散，身體能力的分數就會漸漸由負轉正。

當我們同時考慮刺激產生的效果和疲勞的時候，初學者蜜月期結束，並出現各種停滯期，這就變得容易理解了。在初學者階段，因為身體尚未接受長期的壓力刺激，因此任何比日常生活動作還要困難的壓力，就足以引發向上適應，而因為這樣的刺激距離人體的生理極限尚遠，因此引發的疲勞持續的時間也比較短。一般來說，初學者的適應和疲勞有一個概略的趨勢，就是適應的程度雖然不劇烈，但是維持的時間較長（大約一週），而疲勞的程度初期很劇烈，但是維持的時間較短（大約1-2天），因此，在每次訓練過後，只要有大約48小時的休息時間，休息過程基本上維持吃飽睡好的作息規律，就可以讓疲勞充分消除，而此時向上適應的現象仍然持續，因此身體會呈現出明顯的進步狀態。

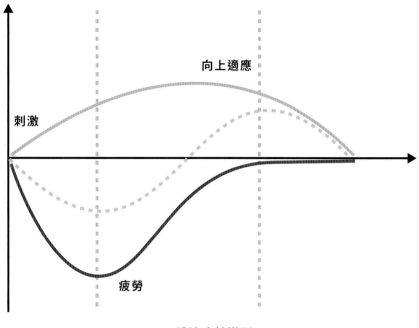

體能疲勞模型

　　但是，隨著訓練持續一段時間（這段時間長短因人而異，通常是3-6個月，少數人可能更長），肌力也規律進步一段時間之後，肌力會變得相當強，以深蹲這種大動作來說，年輕男性每週有進步2-5公斤的潛力，扣除偶爾因為各種因素導致的缺席之後，半年的時間還是有可能進步上百公斤，這可能是一個從90公斤進步到180公斤的過程。但到了這一步，對於一個可以蹲舉180公斤的人來說，在不考慮其他干擾因素的情況下，我們基本上可以假定，要對此人產生足夠的刺激，必須要施予180公斤以上的重量，或是略低於180公斤但次數較多的刺激。這是一個負擔不小的訓練刺激，因此難度相對提高，除此之外，這個刺激也越來越接近人體生理極限，因此必然產生巨大的疲勞。

　　在這裡，有兩個重要的觀念值得深入探討，一是「刺激特殊性」，二是「疲勞多元性」。所謂「刺激特殊性」，是若要引發向上適應，必須有專門針對想要進步的能力的刺激，才能引發想要的向上適應。舉例來說，想要提高最大肌力，就要讓身體在肌力這能力超負荷，而對身體施予伸展、按摩、讀書或滑手機，都不能引發肌力進步的刺激，刺激必須有特殊性，雖然所謂的特殊性並非只有單一選項可選，但也不要高估選擇的數量。就以前面蹲舉180公斤實力的訓練者來說，能促成肌力再度提高的刺激，可能是在下一次訓練時拿182公斤做訓練，或試著把180公斤蹲2下。

「疲勞多元性」則是疲勞可以有很多來源，而這些來源所帶來的疲勞可以累積，因此訓練本身會帶來疲勞，工作會帶來疲勞，學業課業會帶來疲勞，人際關係也會帶來疲勞，而這些疲勞如果同時發生，就會堆疊起來，一起影響一個人的整體疲勞狀態。

從這樣的角度來看，我們發現對於一個很強的訓練者來說，訓練刺激會越來越難取得，但是訓練疲勞卻始終很容易累積。所以，在某個看似平淡無奇的訓練日裡，訓練所產生的疲勞終於太大，持續的時間超過向上適應持續的時間，換句話說，疲勞所需要的恢復時間，會大於訓練效果持續的時間，等這一堆亂七八糟的疲勞終於消散之時，訓練效果也已經消散，進步開始出現停滯，強行訓練只會帶來更多疲勞，最終導致退步。

由於訓練必須要面對這樣的難題，因此訓練效果就成了捉摸不定的東西。若採用一成不變的訓練，會很難有長期效果，這對於大多數覺得訓練不如預期的人來說，不是未能善加利用初學者蜜月期的效益，就是在初學者時期結束，進階者階段開始時，沒有夠好的訓練編排。也因為如此，肌力訓練有著非常難以掌握的過程。

讓我們再一次回到前面出現過的肌力訓練策略圖，圖形最左邊的一欄（低強度×高反覆等等），這些就是我們在訓練時對身體輸入的訓練刺激，訓練刺激輸入之後，透過不同的機制激發身體的向上適應，不同的機制發生向上適應的過程或快或慢，但是整體的趨勢是帶來肌力的進步。但在此同時，任何訓練都會帶來訓練後的疲勞，而不同的訓練方式也會帶來不同的疲勞，有些訓練的疲勞非常劇烈（例如低強度×高反覆，或中強度×中反覆），有些訓練帶來的疲勞可能少一些（例如高強度×低反覆，或中低強度×低反覆），甚至有些訓練不但不太會導致疲勞，可能還會幫助排除一些疲勞（例如低強度×低反覆）。

怎樣的刺激會產生怎樣的反應，這是一個科學與藝術的綜合議題，就好像大廚師信手捻來的素材可以烹調出令人激賞的美味，但照著食譜做菜的一般人，卻無法複製出大廚師的手藝，因此我們要知道，理解道理和真實世界還是有一段距離，尤其我們也不能忽略個別差異對訓練產生的適應和疲勞反應。因此，所有的課程設計模型套用在人身上的時候，都應該當作引導大方向的原則，而非不可作任何更動的定律。更重要的一件事是，掌握「何時該修改課表」的觀念，勝過於強行操作任何厲害的課表。

　　訓練的不確定性讓課程設計變得很複雜，因此與其討論各種各樣的編排方式會產生怎樣的結果，不如把問題顛倒過來，用逆向工程的方式，把傳統上訓練效果顯著的課表拿來拆解，藉由這個拆解的過程理解訓練效果可能的發生機制，可以幫助理解在訓練上遇到卡關問題時應該用怎樣的方式調整。

　　以下將依序探討「線性模式」「線性週期」「非線性週期」「團塊週期」「共軛訓練法」「共軛序列週期」以及「彈性訓練法」等，希望藉由探討這些週期，讓訓練者更明白進步可能發生的原因，以及調節訓練變項的方式。

CHAPTER 11

課表與週期

線性模式

最簡單的進步模式就是所謂的線性模式。線性模式的意思是，一個課表裡面所使用的次數組數都固定，唯有訓練強度（重量）是以直線上升的方式逐步提高。簡單來說，就是依循著一般適應症候群的軌跡盡量往前走。

肌力訓練中常提到的「週期」這個詞其實有周而復始的意義，因此純粹的線性模式理論上來說不是一種週期，而僅僅是一個持續增加訓練重量，直到加不上去為止的過程。為了避免跟有團塊輪替的週期訓練方式產生混淆，我們姑且將「**一個課表裡面所使用的次數組數都『固定』，唯有訓練重量逐步提高**」的訓練方式稱為**線性模式**。以下，先以例子說明線性模式的具體樣貌：

星期一	星期二	星期三	星期四	星期五	星期六	星期日
訓練日	休息	訓練日	休息	訓練日	休息	休息
深蹲3組5下		深蹲3組5下		深蹲3組5下		
臥推3組5下		臥推3組5下		臥推3組5下		
划船3組5下		划船3組5下		划船3組5下		
肩推3組5下		肩推3組5下		肩推3組5下		
負重引體向上3組5下		負重引體向上3組5下		負重引體向上3組5下		
RDL3組5下		RDL3組5下		RDL3組5下		

　　先把最基本的六大方向（水平推、水平拉、垂直推、垂直拉、下肢推、下肢拉）各選1個動作，然後每個動作都選擇適當的重量做3組5下。所謂的適當重量，是一個在第1組可以遊刃有餘完成的重量，在第3組的第5下會感到吃力，但是不需要咬牙切齒地完成，也不會有明顯的速度降低或是動作失衡的重量，總之是在一個動作品質良好的情況下完成的重量。這樣的課表讓每個動作都做到當天的極限，然後接著有整整48小時的休息恢復時間，直到下一次訓練，而下一次訓練的內容與原本的課程完全一樣，唯一不一樣的地方是，每個動作都可以試著加一點點重量，合理的期望值是提高0.5-2公斤，量級大的動作可以偏向每次增加2公斤，量級較小的動作可以偏向每次增加0.5公斤，然後再做一次完全一樣的訓練，接著進入休息，如此1週重複3次，連續持續數個月。

　　這樣的訓練方法非常簡單，而且進步非常快速，唯一的問題是，這樣的訓練方法大概只適合初學者。所謂的初學者，指的是從來不曾有系統地進行過肌力訓練的人，或是至少目前使用的動作對訓練者來說是新的，才有可能會有如此快速的進步。初學者有所謂的「初學者效應」（或稱為「初學者蜜月期」），在這段蜜月期裡，初學者的進步像是正在吸水的海綿一般，只要動作品質良好，有訓練一定有反應。而每次訓練都增加0.5-2公斤，1週3次可能會增加約1.5-5公斤，則3-4個月之後就可能增加好幾十公斤的重量，因此初學者階段的前幾個月，如果在動作方面要求得夠好，很多人都可以在自己的大動作上增加許多重量，而這個部分大致符合一般適應症候群的描述。

　　進步的幅度其實也受到所選擇的次數組數影響，相較於每組5下的訓練方式，如果每組只做3下，或是每組做到20下，能夠持續進步的時間可能都比每組5下來得短，這是因為每組5下可以啟動的進步機制比較多，包括了最大肌力和肌肉生長，但是如果只剩3下，則可能偏向最大肌力的適應，做到20下則可能偏向肌耐力／肌肉生長的適應。

　　此外，選擇的動作也會影響到進步的幅度，在本篇中主要探討的都是大肌群多關節的「主項目」動作，如果肌群較小、動作的關節數量較少時，每組適用的次數可能會偏多，但進步的幅度也可能會比較短。

　　回到初學者蜜月期，以大肌群多關節動作來說，初學階段會有數月的進步空間，不過我們都知道事情不會一直這麼理想，初學者或許可以如此持續增加好幾個月，但是幾個月以後很可能就會發現越來越吃力，接下來會發現重量再也加不上

去，甚至有可能會倒退回來，此時表示初學者效應可能已經結束。在已經有訓練經驗的進階者身上則很難看到這樣的現象，進階者因為長期開發肌力，因此能舉起的重量已經相當重，越重的重量對身體的刺激越劇烈，越需要更長的時間來恢復，因此很難在每次訓練都比上一次舉得還重。

　　初學者時期大概會有至少3-6個月的持續進步，而這有個別差異，有些人比較長一些，有些人比較短一些。但也因為這個時期的長短因人而異，因此當出現停滯的時候，不一定有辦法立即判斷到底是暫時性的失靈，還是其實已經窮盡了初學者效益，準備邁向進階者階段。因此，如果訓練的時間不長，卻發生卡關等等不順利的現象（這滿常見），可以先試著做一些「故障排除」，如果初學者效應還在，短時間的故障排除之後，就會再次回到線性模式的狀態。但是，有些時候故障排除的手段變成一個長期的過程，或是在多次停滯之後被迫轉用其他的週期編排方式，則很可能已經步入進階者階段。

　　這是一個很難界定的過程，在實務上通常依賴許多的主觀判斷，以及必要的嘗試錯誤，即便如此，理解背後的機制和原理仍有助於作出成功機率較高的判斷，這也就是為什麼肌力訓練被視為一種科學與藝術的結合。

　　在初次遇到停滯現象的時候，有一個理論上的關鍵，就是此時此刻有一個我們未必知道但是卻很重要的事情，就是人體在此時的「向上適應」和「疲勞」兩者到底誰持續得比較久。這件事情雖然我們不容易直接得知，但是仍然可以抱著嘗試錯誤的心態觀察自己對訓練的反應，因為這兩個現象的消長，決定了我們後續的對策。如果此時此刻每次訓練之後，向上適應的現象持續存在的時間大於疲勞持續的時間，只不過疲勞開始變得不像之前那麼容易恢復，則最簡單的對策是延長休息時間。換言之，當刺激仍然充足，只是疲勞開始變多的時候，增加恢復時間是可行的作法。延長休息時間意味著增加這一次訓練到下一次訓練之間的間隔時間，也就是要改變訓練頻率，從1週訓練3天改成1週訓練2天，有幾種方法可以安排這樣的訓練方式，以下舉例說明。

第一種方法是乾脆直接減少訓練日，也就是直接降低訓練頻率，把1週3天的訓練改成1週2天，也可以達到延長恢復時間的效果。簡單的例子如以下表格所示：

星期一	星期二	星期三	星期四	星期五	星期六	星期日
訓練日	休息	休息	訓練日	休息	休息	休息
深蹲3組5下			深蹲3組5下			
臥推3組5下			臥推3組5下			
划船3組5下			划船3組5下			
肩推3組5下			肩推3組5下			
負重引體向上 3組5下			負重引體向上 3組5下			
RDL3組5下			RDL3組5下			

不過，這樣直接延長休息時間，僅限於「向上適應」持續的時間比「疲勞」持續的時間「長」的狀況。如果正在發生的狀況是疲勞持續的時間比向上適應的持續時間長，減少訓練日可能無法達到刺激進步的功能。因為等到疲勞恢復，向上適應的效果也已經不在，身體只能承受跟原先一樣或是更低的刺激而已。因此，如果我們發現當前遇到的狀況，可能是「疲勞」持續的時間已經大於「向上適應」持續的時間，則需要不同的策略。

　　另一個簡單的作法是在3天的訓練日裡，只留下第1天和第3天是真正的大重量訓練，真的做到3組接近力竭的程度，也真的每次都比上次訓練增加一些些重量，至於第2天的訓練，則是安排所謂的低強度動態恢復日。一種可行的作法是使用第1日重量的50-75%，這樣降低強度的訓練目的不在於提升最大肌力，而是希望這樣可以帶來幾個功能：第一個功能是促進身體恢復，身體在恢復的過程需要有效的血液循環，而促進血液循環的一種可行作法是用相同的動作模式重新訓練一次，但是又因為身體正處於從第1天訓練刺激之後恢復的過程，為了不干擾恢復，所以刻意使用輕的、沒有挑戰性的重量去訓練，希望可以加速疲勞排除。第二個功能是，之所以會改變策略，就是因為懷疑身體目前在每次訓練刺激之後，產生的疲勞持續時間可能會大於向上適應持續的時間，因此特地安排一個低強度的第2日，期望可以在不累積顯著疲勞的情況下，延續向上適應持續的時間，這樣的嘗試在經驗上是可行的，除了以上之外，這樣還有另一個好處，就是可以藉由非最大肌力的訓練來累積長期的訓練量。以下是這種課表的範例：

星期一	星期二	星期三	星期四	星期五	星期六	星期日
訓練日	休息	動態恢復日 （50-70%）	休息	訓練日	休息	休息
深蹲3組5下		深蹲3組5下		深蹲3組5下		
臥推3組5下		臥推3組5下		臥推3組5下		
划船3組5下		划船3組5下		划船3組5下		
肩推3組5下		肩推3組5下		肩推3組5下		
負重引體向上3組5下		負重引體向上3組5下		負重引體向上3組5下		
RDL3組5下		RDL3組5下		RDL3組5下		

降低某一天的訓練強度以促進恢復，或是刻意增加用來恢復的時間，這兩種方式的應用範圍其實很廣，從1週3天最大努力，改為1週2天最大努力配合1天低強度訓練，如果恢復時間還是不足，則可以延長至1週1天最大努力，配合2天不同程度的降低強度訓練。這是因為1週1天有大重量且每週逐步加重的訓練日，仍然可以帶來長期的進步，不過1週只訓練1天，對許多人來說是比較少的，因此通常會在中間的時間穿插中強度或低強度的訓練。以下是1週只有1天高強度的例子：

星期一	星期二	星期三	星期四	星期五	星期六	星期日
訓練日	休息	動態恢復日 （星期一的50-70%）	休息	中強度日 （星期一的70-85%）	休息	休息
深蹲3組5下		深蹲3組5下		深蹲3組5下		
臥推3組5下		臥推3組5下		臥推3組5下		
划船3組5下		划船3組5下		划船3組5下		
肩推3組5下		肩推3組5下		肩推3組5下		
負重引體向上3組5下		負重引體向上3組5下		負重引體向上3組5下		
RDL3組5下		RDL3組5下		RDL3組5下		

這樣的模式可以無止境地繼續下去，到達肌力非常強的時候，可能會每2週才做到最大強度1次，其他時候都使用中強度或低強度模式進行訓練。

有些人也許會計較一件事，就是所謂的線性模式的意思，是否每次都鎖定一樣的強度區一直鍛鍊，直到那個強度區的力量變大。以目前的舉例來說，每次都用3×5的訓練模式，然後每次都試圖提高一些重量，就是線性模式的表現，但是一旦在線性模式裡穿插了別的強度，例如中強度日或低強度日，這個線性不是就不那麼線性了嗎？

嚴格說起來這已經不是線性，但關於這一點的解釋是，雖然在線性模式進入較後期的階段，因為舉的重量變重，需要的恢復時間變長，因此必須加入一些強度不那麼高的訓練日，但是這些訓練日裡並未改變原來的目的（提升最大肌力）。50-70%強度如果做3組的10-20下，會變成肌耐力訓練，70-80%強度如果做個8-10下，則會變成肌肉生長型的訓練，但是這裡舉的例子是，無論強度怎樣降低，做的次數都是原先設計好的3×5，這樣的次數組數並不足以把訓練的目標改變成肌耐力或肌肉生長，但可以當作動態恢復，因此雖然已經不是純粹的線性模式，但是主要的目的還是「修復壞掉的線性模式」，希望盡快回歸正常。

要知道，如果今天這樣的中低強度配合低反覆次數的課表不是放在最大肌力訓練的小週期裡，而是單獨存在成為一個小週期，則這樣的「中低強度」配合「低反覆次數」的訓練方式，並不具備什麼具體的訓練價值，這裡的強度太低，不足以提高最大肌力，反覆次數又太少，所以也無法成為有效的肌耐力、肌肉生長訓練，因此只能說是稍微累積一點點運動量，或是用來提升技術，但是放在最大肌力訓練的同一週裡，就會變成輔助身體「吸收」最大肌力日的效果的一種手段，也就有了重要的意義。

不過，值得注意的是，如果上述的處理方法不僅僅是短期的「故障排除」，而是逐漸演變成一種長期的模式，這很可能顯示初學者效應已經結束，進階者階段已經來臨。換句話說，如果暫時的故障排除沒有讓訓練者回歸到簡單的線性模式，而是必須長期持續用有變動的訓練方式，則在名稱上已經不能稱之為線性了。

每個動作的最高強度訓練日未必都相同，當肌力水準進步到一個程度以上，除了每個動作訓練完之後需要越來越長的恢復期之外，另一個可預見的問題是，同一天裡放了太多的動作，而每個動作都會動用到巨大的重量時，身體很容易在課表尚未完成之前就發生神經性的疲勞，以致於影響了課程較後段的動作表現。因此，有必要開始讓每次訓練只著重某些動作，其他的當作補強或輔助訓練。以下舉例說明：

	星期一	星期二	星期三	星期四	星期五	星期六	星期日
	訓練日	休息	訓練日	休息	訓練日	休息	休息
主項目 （高強度）	深蹲3組5下		臥推3組5下		肩推3組5下		
	划船3組5下		負重引體向上 3組5下		RDL3組5下		
輔助 項目 （低強度）	臥推3組5下		深蹲3組5下		深蹲3組5下		
	負重引體向上 3組5下		划船3組5下		划船3組5下		
	肩推3組5下		肩推3組5下		臥推3組5下		
	RDL3組5下		RDL3組5下		負重引體向上 3組5下		

　　以上的課表範例將六大基本方向平均分配在互相間隔的3天裡，每1個動作1週只當作主訓練1次，下一次再以相同動作當作主訓練時，已經是休息1週以後，在其他的訓練日裡，這些動作都當作補強，只用低強度操作。在補強或輔助動作方面，有些訓練者喜歡在當日的主項目完成之後，增加一些非主要動作的輔助訓練（例如肌群較小、動作較小的訓練動作），只要這些輔助訓練的總量不致於影響主要動作的恢復，其實有很多動作都可以當作輔助訓練放入課表。

前面所舉的例子都是用很傳統的動作（臥推、深蹲、硬舉、肩推、划船、負重引體向上等），這個課表雖然以很基本的動作為訓練內容，但是不表示線性模式只能用這樣的動作，事實上動作選擇是另一個非常複雜的題目，後面會有更完整的討論，在此只是強調，相同的強度、次數、組數，其實可以應用在不同的動作裡，例如以下的例子，我們把前面1週3天高低中強度訓練的課表動作改掉，就會得到一張截然不同的課表：

星期一	星期二	星期三	星期四	星期五	星期六	星期日
訓練日	休息	動態恢復日 (50-70%)	休息	中強度日 (70-85%)	休息	休息
握把式後腳抬高蹲 3組5下		握把式後腳抬高蹲 3組5下		握把式後腳抬高蹲 3組5下		
地板臥推3組5下		地板臥推3組5下		地板臥推3組5下		
反式划船3組5下		反式划船3組5下		反式划船3組5下		
單跪姿單肩推 3組5下		單跪姿單肩推 3組5下		單跪姿單肩推 3組5下		
彈力帶下拉 3組5下		彈力帶下拉 3組5下		彈力帶下拉 3組5下		
架上硬舉3組5下		架上硬舉3組5下		架上硬舉3組5下		

這樣的課表一樣是個各大基本方向平衡的課表，一樣可以用線性的方式持續推進最大肌力，依照訓練者的個別差異，進步的時期可能數週就停滯，但也可能長達數月之久，這樣替換動作並沒有絕對的對錯，就看是否適合訓練者的需求和動機。

線性模式是一種最簡單的週期設計，如果運用得當，線性模式的效果顯著，進步穩定而長期，這是一種已經證實有效的訓練方法。接下來要討論的話題就是，如果這樣的模式確定走到一個失靈的狀態，有怎樣的對策可以繼續帶來進步呢？

　　關於這個問題，答案仍然要回到刺激與恢復的概念裡尋找。回想最初最簡單的初學者線性模式中，之所以會在一段時間的進步之後逐漸停滯，背後的原因就是「向上適應」和「疲勞」的持續時間逐漸此消彼長，從向上適應的持續時間明顯大於疲勞，逐漸轉換成疲勞持續的時間大於向上適應，也就是因為這樣，所以才會有中低強度日的出現，目的就是希望可以延續向上適應，同時靜待疲勞消失。這樣的策略大致上來說，是針對「疲勞」所作的對策，但除了這樣的策略之外，實務經驗上也發現我們可以針對「刺激」作一些變化，以達到我們的目的。除了前面所述的故障排除方法可能可以直接演變成長期的訓練方式，其實還有許多方法可以訓練並持續帶來進步。以下介紹一個跟線性模式非常相似的訓練方式：線性週期。

線性週期

說起來，「線性週期」是一個有點矛盾的名稱，因為線性就是一直線的意思，一直線表示除了重量遞增之外，其餘的條件都不改變，任何條件改變之後，就不能算是線性，但是週期就是週而復始的模式轉換，所以線性跟週期兩個詞其實有某個程度的衝突。

不過，線性週期是真的存在的概念，所謂的線性週期，指的是好幾個線性模式串接在一起的訓練方式，從「絕對重量」較低的次數組數開始，一直練到重量無法再增加時，就轉入另一個次數組數的組合。舉例來說，使用3組12下開始進行訓練，然後保持3組12下的模式不變的情況下持續加重，加重到無法再進步時，就改為3組10下，因為可以少做2下，所以重量又可以再度增加，且在3組10下不變的情況下，重量可以持續再增加一段時間。直到無法再增加時，可以改為3組8下，再加重一段時間，再改為3組6下、3組5下、3組3下，甚至3組1下。如此在次數遞減的情況下，一路加重到訓練量極小，但強度極高的模式。

當已經到達每組只練1下的時候，如果再發生卡關，強度已經無法再提高，此時便可以再度回到3組12下，但因為經過第一輪的努力，此時可以操作的3組12下「理論上」會比上一輪顯著提高，因此可以用比較高的重量開始新的一輪訓練，如此一路循環下去，這個模式就稱為線性週期。以下為線性週期的範例：

星期一	星期二	星期三	星期四	星期五	星期六	星期日
訓練日	休息	訓練日	休息	訓練日	休息	休息
深蹲3組12下		深蹲3組12下		深蹲3組12下		
臥推3組12下		臥推3組12下		臥推3組12下		
划船3組12下		划船3組12下		划船3組12下		
肩推3組12下		肩推3組12下		肩推3組12下		
負重引體向上 3組12下		負重引體向上 3組12下		負重引體向上 3組12下		
RDL3組12下		RDL3組12下		RDL3組12下		

星期一	星期二	星期三	星期四	星期五	星期六	星期日
訓練日	休息	訓練日	休息	訓練日	休息	休息
深蹲3組10下		深蹲3組10下		深蹲3組10下		
臥推3組10下		臥推3組10下		臥推3組10下		
划船3組10下		划船3組10下		划船3組10下		
肩推3組10下		肩推3組10下		肩推3組10下		
負重引體向上 3組10下		負重引體向上 3組10下		負重引體向上 3組10下		
RDL3組10下		RDL3組10下		RDL3組10下		

星期一	星期二	星期三	星期四	星期五	星期六	星期日
訓練日	休息	訓練日	休息	訓練日	休息	休息
深蹲3組8下		深蹲3組8下		深蹲3組8下		
臥推3組8下		臥推3組8下		臥推3組8下		
划船3組8下		划船3組8下		划船3組8下		
肩推3組8下		肩推3組8下		肩推3組8下		
負重引體向上 3組8下		負重引體向上 3組8下		負重引體向上 3組8下		
RDL3組8下		RDL3組8下		RDL3組8下		

星期一	星期二	星期三	星期四	星期五	星期六	星期日
訓練日	休息	訓練日	休息	訓練日	休息	休息
深蹲3組6下		深蹲3組6下		深蹲3組6下		
臥推3組6下		臥推3組6下		臥推3組6下		
划船3組6下		划船3組6下		划船3組6下		
肩推3組6下		肩推3組6下		肩推3組6下		
負重引體向上 3組6下		負重引體向上 3組6下		負重引體向上 3組6下		
RDL3組6下		RDL3組6下		RDL3組6下		

星期一	星期二	星期三	星期四	星期五	星期六	星期日
訓練日	休息	訓練日	休息	訓練日	休息	休息
深蹲3組5下		深蹲3組5下		深蹲3組5下		
臥推3組5下		臥推3組5下		臥推3組5下		
划船3組5下		划船3組5下		划船3組5下		
肩推3組5下		肩推3組5下		肩推3組5下		
負重引體向上 3組5下		負重引體向上 3組5下		負重引體向上 3組5下		
RDL3組5下		RDL3組5下		RDL3組5下		

星期一	星期二	星期三	星期四	星期五	星期六	星期日
訓練日	休息	訓練日	休息	訓練日	休息	休息
深蹲3組3下		深蹲3組3下		深蹲3組3下		
臥推3組3下		臥推3組3下		臥推3組3下		
划船3組3下		划船3組3下		划船3組3下		
肩推3組3下		肩推3組3下		肩推3組3下		
負重引體向上 3組3下		負重引體向上 3組3下		負重引體向上 3組3下		
RDL3組3下		RDL3組3下		RDL3組3下		

星期一	星期二	星期三	星期四	星期五	星期六	星期日
訓練日	休息	訓練日	休息	訓練日	休息	休息
深蹲3組1下		深蹲3組1下		深蹲3組1下		
臥推3組1下		臥推3組1下		臥推3組1下		
划船3組1下		划船3組1下		划船3組1下		
肩推3組1下		肩推3組1下		肩推3組1下		
負重引體向上3組1下		負重引體向上3組1下		負重引體向上3組1下		
RDL3組1下		RDL3組1下		RDL3組1下		

　　以上只是舉例，實務上未必需要遵守裡面的次數組數，組數和次數都可以依照現況調整而增減，不過線性週期基本的概念就是一個訓練量遞減（從大訓練量逐漸過渡到小訓練量），同時讓訓練強度遞增（從低強度至逐漸過渡到高強度）的過程，而這個過程可以周而復始不斷重複。

　　以上就是兩個名稱裡有「線性」的訓練方式，這兩個方式都有其有效之處，但也有其局限，以下將討論線性以外的其他訓練方式。

3

非線性週期／同步週期

在討論非線性週期之前，我們先來解析一下，在一個線性模式裡訓練刺激的「組成成分」有哪些。就以3組5下的背蹲舉來說，假設某個人的3×5背蹲舉用了160公斤完成，而假設我們知道此人的最大肌力估計值為200公斤，則我們可以從這筆數據裡得知，這次的訓練量為3×5×160=2,400公斤，而訓練強度為80%，也就是說，每一次的訓練刺激，都有「訓練強度」和「訓練量」這兩個成分存在，這兩種成分互相有關，卻也各有各的效果。

在討論基本原理的部分曾經提到，訓練的停滯來自於刺激造成的疲勞太高、持續太久，以至於肌力的提升無法被實現出來。因此，如果我們可以將刺激調控得「簡單」一些，是否可以讓身體較容易吸收並恢復呢？

在實務上的經驗得知，這是有機會成功的。怎樣叫作把刺激變簡單呢？先前提到的3組5下持續加重的過程裡，其實是在一個訓練量和訓練強度同時增加的情況下刺激人體，因為訓練量等於重量乘以次數乘以組數，而訓練強度就是訓練重量，因此重量持續增加時，等於訓練的量和強度都在增加。如果我們可以把「訓練量」和「訓練強度」分成2次不同的刺激，分別在1週的不同天給予身體，是不是有機會再次獲得進步呢？要回答這個問題，我們要走進非線性週期的領域。

從最廣義的角度來看，所謂的非線性週期指的是「所有不是線性模式的週期」，換言之，除了前面所提到的「固定次數組數，每次訓練都比前一次增加重量」的訓練之外，其他都可以說是非線性週期。不過，如果採取這樣的定義未免太廣，基本上除了初學者之外所有人使用的都是非線性週期，因此為了讓討論比較有焦點，此刻討論的非線性週期專指「在短時間內橫跨不同訓練強度，以同時達到1種以上的訓練目標」的週期訓練方式。所謂的短時間，可以是1週，也可以是2週，也可

以是10天。事實上並沒有一定的規則，不過因為以1週為單位的訓練最能夠與日常生活作息相容，因此我們暫時以1週為單位。先以下列範例說明這種課表的樣貌：

星期一	星期二	星期三	星期四	星期五	星期六	星期日
高訓練量／肌肉生長（約5RM的70-80%）	休息	低強度／動態恢復日（約5RM的50-70%）	休息	高強度／最大肌力日（5RM）	休息	休息
深蹲5組5下		深蹲3組5下		深蹲1組5下		
臥推5組5下		臥推3組5下		臥推1組5下		
划船5組5下		划船3組5下		划船1組5下		
肩推5組5下		肩推3組5下		肩推1組5下		
負重引體向上5組5下		負重引體向上3組5下		負重引體向上1組5下		
RDL5組5下		RDL3組5下		RDL1組5下		

這樣的課表有幾個特性，首先，是有一個訓練量特別大的「高訓練量日」，從線性模式的3×5變成5×5，當然單次的訓練強度與訓練量有一個概略的反比關係，所以當總組數和次數變成5×5的時候，訓練強度是比3×5的時候略為降低，所以整體而言，這是一個降低強度但提高訓練量的訓練，目的是讓身體吸收到「量」的刺激。接著我們直接跳到最後一天來看，這一天剛好相反，是1×5的小訓練量，並直接把強度拉到5RM，也就是這種模式的最高強度，這種低訓練量高強度的模式，整體而言就是為了讓身體接受到「強度」的刺激。

所以第1天和第3天，人體一共獲得了2次刺激，1次偏向量的刺激，1次偏向強度的刺激。第2日的低強度訓練與之前提及的低強度日功能相同，也就是用來避免兩次刺激相隔過久，身體向上適應的現象不夠持續，同時又為了避免累積疲勞，所以只能輕輕地做，因此而產生的低強度日。這種類型的課表最著名的就是「德州模式」（德州模式有許多變體，本文設計的課表並非傳統的德州模式，只是依照德州模式的大原則設計的課表），這樣的課表結構已經證實可以在線性模式被「用完」了之後，持續推進另一個長達數月的進步。

　　德州模式類型課表的效果爲捉摸不定的人體適應現象提供了可行的探索方向，人體似乎可以在線性模式停滯之後，藉由將訓練量和訓練強度「切分」開來，變成1週裡不同的2天訓練，而這樣的現象其實已經符合了非線性的條件。從這個角度來看，接下來如果還要持續製造進步，在這種非線性的週期再次遇到停滯的時候，至少有2大方向可以走，一個是把訓練量和訓練強度切分的精神發揚光大，走向「團塊週期」，另一個方向是把「非線性」的精神發揚光大，走向「共軛訓練法」。接著就先探討團塊週期。

團塊式週期

　　前面敍述過的線性模式訓練法，是直接利用最大肌力／肌肉生長的強度區進行訓練，每個動作的3組5下都是爲了提高最大肌力所做的直接訓練，而這個強度區通常也伴隨著肌肉生長。團塊式週期訓練的設計邏輯則比較不一樣，在初學者階段結束之後，一種常見的狀況是訓練者無法在單次的訓練中取得足夠的刺激，因此需要連續好幾次的刺激，但是連續好幾次的刺激會累積更大量的疲勞（因爲訓練量太大），所以後續一定會需要刻意減低疲勞（減少訓練量），然後在身體逐漸恢復的過程中試著抬高強度，取得進步。常見的作法是利用「集中式負荷」的方式，連續1-2週狠狠地練下去，但是在接下來的第3-4週故意把訓練量驟減，並且趁著恢復之勢拉高強度。

　　這種設計其實是一個「開路」與「進攻」的設計。所謂開路的設計，是利用高訓練量去「灌漑」人的肌肉，這個階段會造成較高的疲勞，甚至會讓人覺得肌力有點退步，但隨著身體對疲勞逐漸適應，開始導入較高的訓練強度，同時也逐步減低訓練量，到最後階段，也就是要致力於提高最大肌力的階段，要讓訓練量降到最低，之前因爲訓練量造成的疲勞漸漸消退，此時藉機把強度盡量拉高，達成明顯提高最大肌力的「進攻」效果。這很像是德州模式裡那兩個效果最鮮明的「訓練量日」和「強度日」，只不過在團塊式週期裡，針對訓練量的訓練，和針對強度的訓練，已經不再只是1週裡面的2天，而是用數週的時間累積訓練量，然後再轉爲用數週的時間提高訓練強度。以下以深蹲訓練來舉例說明：

第1-2週						
星期一	星期二	星期三	星期四	星期五	星期六	星期日
訓練日	休息	訓練日	休息	訓練日	休息	休息
深蹲5組5下		深蹲5組5下		深蹲5組5下		

第3-4週						
星期一	星期二	星期三	星期四	星期五	星期六	星期日
訓練日	休息	訓練日	休息	訓練日	休息	休息
深蹲3組5下		深蹲3組5下		深蹲1RM		

第5-8週						
星期一	星期二	星期三	星期四	星期五	星期六	星期日
休息	訓練日	休息	休息	訓練日	休息	休息
	深蹲3組5下			深蹲1RM		

　　這是一個8週的訓練課程，前2週是非常艱苦的開路型訓練，會有很高的疲勞和很多的痠痛，1週有3次5×5的大量訓練，訓練的強度理論上是85%以上，不過實際上要完成5×5雖非不可能，卻是相當困難的，所以也可能以5組逐步加重的方式進行，前面幾組較輕，在後面的組試著提高。

　　接著從大量訓練開始逐步過渡到中等訓練量的訓練方式，原先的5×5變成3×5，且頻率從3次降低為2次，最後使用1次最大肌力去探索目前的肌力水準。最後一個階段連續4週使用更小的訓練量，原先每週2次的3×5變為每週1次，每週也測試1次最大肌力1RM，如果一切順利，將會看到4週的1RM逐步加重，並很有可能刷新先前的紀錄。

　　團塊式週期背後的意義，是每個團塊致力於訓練一個目標，然後藉由下一個團塊或下一個階段的調整，恢復這段時間造成的累積性疲勞，疲勞恢復的過程會讓之前的訓練效果展現出來，訓練者可再藉著這些訓練效果，去進攻下一個階段的進步。

利用團塊的概念，如果巧妙安排多種可以互相推動的身體能力，其實可以獲得顯著的訓練效果，常見的「四大週期」（適應期、生長期、最大肌力期、專項轉換期）訓練方式，就是利用這樣的特性來安排。

這種安排背後的一個基本假設是：要達到最大肌力的過程裡，不應該直接從最大肌力開始訓練，訓練最大肌力之前，應該要先讓訓練者有足夠的肌肉質量，因此要先進行肌肉生長期的訓練，而肌肉生長期之前，應該要先提升人體最基本的工作能力，也就是先提升肌耐力，才不會在後續越來越疲累的訓練裡，因為缺乏足夠的體力而無法完成課表。

因此，建構最大肌力的流程應該是從「肌耐力期」開始，逐漸過渡到「肌肉生長期」，然後在肌肉生長達到一個程度之後，進入「最大肌力期」，準備比賽的競技運動員在最大肌力期之後就可以進入所謂的「專項轉換期」。專項轉換期因不同項目而有截然不同的作法，這部分可以參考〈附錄〉中的「專項轉換訓練範例」。

以下先不考慮專項轉換的問題，先舉例說明團塊式週期提高最大肌力的方法：

肌耐力期（強度：65%以下）						
星期一	星期二	星期三	星期四	星期五	星期六	星期日
訓練日	休息	訓練日	休息	訓練日	休息	休息
深蹲 3 組 12 下		深蹲 3 組 12 下		深蹲 3 組 12 下		
臥推 3 組 12 下		臥推 3 組 12 下		臥推 3 組 12 下		
划船 3 組 12 下		划船 3 組 12 下		划船 3 組 12 下		
肩推 3 組 12 下		肩推 3 組 12 下		肩推 3 組 12 下		
負重引體向上 3 組 12 下		負重引體向上 3 組 12 下		負重引體向上 3 組 12 下		
RDL3 組 12 下		RDL3 組 12 下		RDL3 組 12 下		

			肌肉生長期（強度：65-85%）			
星期一	星期二	星期三	星期四	星期五	星期六	星期日
訓練日	休息	訓練日	休息	訓練日	休息	休息
深蹲3組8下		深蹲3組8下		深蹲3組8下		
臥推3組8下		臥推3組8下		臥推3組8下		
划船3組8下		划船3組8下		划船3組8下		
肩推3組8下		肩推3組8下		肩推3組8下		
負重引體向上3組8下		負重引體向上3組8下		負重引體向上3組8下		
RDL3組8下		RDL3組8下		RDL3組8下		

			最大肌力期（強度：85%以上）			
星期一	星期二	星期三	星期四	星期五	星期六	星期日
訓練日	休息	訓練日	休息	訓練日	休息	休息
深蹲3組5下		深蹲3組3下		深蹲3組1下		
臥推3組5下		臥推3組3下		臥推3組1下		
划船3組5下		划船3組3下		划船3組1下		
肩推3組5下		肩推3組3下		肩推3組1下		
負重引體向上3組5下		負重引體向上3組3下		負重引體向上3組1下		
RDL3組5下		RDL3組3下		RDL3組1下		

　　在不考慮特殊的訓練背景和需求的情況下，肌耐力期、肌肉生長期和最大肌力期三者的先後順序有實際的意義。首先，在肌耐力期的訓練方式裡，通常採用65%或更輕的重量進行12下或以上的反覆，並且重複同一個動作達3-5組。肌肉生長期則是將強度提高至65-85%，進行8下左右的反覆次數，並且重複3-5組。最大肌力期的訓練方式則近似於先前提過的線性模式，使用85%以上的強度，進行3組5下以內的訓練。當然，在有經驗的人看來，就知道這是一個理想的次數組數安排，實際上的狀況都會有一些出入，訓練者可能會因為疲勞或壓力而表現得差一些，但也有可能因為不明原因狀況特別好。但大致上來說，次數組數的安排與上述的方式都很類似。

　　如果我們仔細觀察，會發現所謂的團塊式週期其實就是在不同的3個強度區裡進行線性模式設計，如果以長期的目標為大週期，每個階段性任務為中週期，每1週為小週期，則團塊式週期的大週期是非線性（因為跨越了不同的強度區，進行目的不同的訓練），中週期則各自是一個線性模式（無論在肌耐力期、肌肉生長期還是最大肌力期，都是以線性方式做漸進式的超負荷訓練）。

　　這樣的作法背後有一個考量，就是根據經驗，同一個訓練時間裡跨越了不同強度區，「可能」會導致訓練不相容性的狀況發生，意即如果在同一天的深蹲課表裡，同時有很高強度的最大肌力訓練，也有很疲累的肌肉生長訓練，甚至再加上把剩餘力量用完的肌耐力訓練，研究和實務上都發現，訓練可能不容易同時有提高肌耐力、肌肉生長以及最大肌力的效果，通常在這種跨越強度區的訓練方式裡，基於某些尚未確定的原因，身體都傾向於對強度較低的訓練產生反應。

　　人體之所以無法同時對多種不同的訓練產生反應，一般認為跟過度訓練有關。就以剛剛那個深蹲的例子來說，一連練了肌耐力、肌肉生長和最大肌力的深蹲，而且都練得很認真、很盡力，則身體會得到3種不同形式的疲勞，而這3種不同形式的疲勞會同時競爭身體有限的恢復力，最終的結果是身體無法同時恢復這麼多能力，只能作出取捨，雖然確切的原因尚未明確，但是身體似乎傾向於犧牲高強度的適應，僅產生低強度的適應。

　　這種現象不僅僅出現在肌力訓練，如果訓練中出現了耐力導向的能量系統訓練時，也可能會有更嚴重的問題，例如在大重量的肌力訓練後隨即到跑步機上跑個5公里，如果跑得非常累，而且重複這個模式一段時間身體有可能會因此放棄最大肌力的適應效果，而選擇了耐力跑的效果，經過一段時間訓練者可能就會發現，慢跑的部分表現好像有所提高，但是肌力方面的進步就非常有限。基於訓練相容性的理

由，不同強度區最好在不同階段實施，或至少安排一些間隔，讓身體有機會恢復，充分取得該階段的訓練進步與效益，然後再往下一個階段出發。

最初登場的肌耐力期，除了前面提到過有提高基本工作能力的功效之外，也因為選擇的強度較低，所以可以進行低強度高反覆的訓練，低強度高反覆的肌耐力訓練，被認為有助於肌腱韌帶等軟組織的適應。一般認為，肌力的進步很快，可能會在幾天內就有大幅進展，但是軟組織的適應則比較慢，可能需要數週甚至數月的訓練才會產生適應現象，如果在訓練最初期就施予非常高強度的最大肌力訓練，則可能會讓肌肉迅速進步，超越了軟組織所能承受的最大限度，導致用力進行訓練的時候拉傷還未準備好的軟組織。用低強度的訓練方式先進行一陣子，可以有足夠的餘裕慢慢強化那些容易受傷的軟組織，待軟組織都已經進步了以後，再讓肌力訓練進入更高一級的強度區。

值得一提的是，這樣的說法並不是沒有人反對，Starting Strength 陣營的馬克・銳普托就曾批評過，認為這樣的訓練方式浪費了初學者在訓練初期的進步空間。他認為以提升肌力為目標的肌力訓練，其實在過程中就已經提高了肌肉量，讓身體變得更加強壯，在他的經驗裡也並未發現有肌肉太過強大而拉傷自身軟組織的現象，而針對軟組織適應的另一種說法，來自明尼蘇達大學的體能教練卡爾・迪茲，他認為肌腱韌帶這類「非收縮性」的組織，無法在一般的肌力訓練裡得到最佳的訓練效果，比較好的作法是利用具有「伸展收縮循環」特性的增強式訓練，才能夠給肌腱韌帶提供最佳的刺激。

馬克・銳普托進一步指出，初學者如果必須使用這樣高反覆的訓練方式（例如3×12），很可能會留下大量不必要的痠痛，這樣的痠痛雖然讓很多人覺得「訓練很有感」，但是實際上不必要的痠痛會影響恢復，會拖慢最大肌力的進步時間。況且，當最大肌力進步的時候，肌耐力訓練所使用的重量會變得更輕，其實等於是肌耐力提高的效果。舉例來說，假設初期訓練之時，一位訓練者必須要用60公斤做3組12下的背蹲舉，訓練幾個月之後，如果3組12下所能做的重量變成90公斤，這象徵的其實是肌耐力的進步。

但是支持一般線性模式的人則認為，如果一位初學者初期深蹲最大肌力是100公斤，同時可以用60公斤做3組12下，但若此人完全不做肌耐力訓練，直接開始加強最大肌力，經過一段時間後深蹲變成150公斤，則此時不用經過太多的肌耐力訓練，就可以直接拿90公斤做3組12下，完全無須回到肌耐力訓練課程，就達到一樣的肌

耐力進步，這是因爲同一個動作的最大肌力提高，原先練肌耐力的動作不再變得很吃力，就可以直接用更重的重量做高反覆的動作了。

　　就如同每一個週期訓練一樣，一定有支持者和反對者，也一定有某個程度的可信度以及某個程度的爭議。針對團塊式週期的批評者懷疑，如果每一個時期只訓練一種能力，等到下一個週期開始的時候，上一個週期的能力會不會已經逐步降低了？關於這一點，有支持的說法也有反對的說法。支持者認爲，最初的肌耐力一旦建立，進入肌肉生長之後，肌耐力應該不會消失，因爲肌肉生長期有「力竭訓練」的特性，所以耐力會因爲這些不斷挑戰力竭極限的訓練而被保留，甚至變得更好。而當訓練者從肌肉生長期進入最大肌力期的時候，根據研究顯示，當肌肉量已經提高的時候，無須進行一樣的力竭式訓練，只要訓練者還在進行肌力訓練，則任何肌力訓練形式似乎都可以保留住先前肌肉生長的效果。

　　反對者對於這一點就沒有那麼樂觀，在許多的團塊式週期裡，每個團塊可成長達2-3個月甚至更久，也就是說，當訓練者經歷了3個月的肌耐力期，再經過3個月的肌肉生長期，接著開始逐步發展最大肌力，等到最大肌力有顯著進步的時候，上一次訓練肌耐力很可能已經是半年前了，這樣的訓練方式眞的有可能會流失之前的訓練成果。

　　除此之外，過去這種週期訓練方式被認爲很適合競技運動員，因爲循序漸進的逐一達成階段性任務，的確締造了不少成功的例子，但是隨著國際運動趨勢的發展，競技運動員一年當中的競賽次數越來越多，幾乎沒有任何夠長的無比賽時期可以好整以暇的鍛鍊肌力。試想，如果要展開一個團塊式的年度週期大計畫，結果在肌肉生長期發展到一半的時候遇到比賽，因爲此時尚未發展出最大肌力，所以不適合進行爆發力導向的專項轉換期，而且肌肉生長期通常伴隨著相當程度的疲勞，動作速度也不是最佳狀態，運動員可能會在又累又慢的情況下勉強比賽，這樣的失敗經驗往往導致運動員或教練對肌力訓練產生誤解，認爲肌力訓練對運動表現有害，實際上有害的不是肌力訓練，而是未完成的肌力訓練。

　　在線性模式的設計裡，如果遇到停滯不前的時候，應該如何處理呢？畢竟所謂的週期訓練，就是要讓人可以突破簡單的初學者效應，達到長期進步的成果，前面曾經提到過，線性模式對肌力停滯的處理方式，是開始策略性的拉長恢復時間，待身體恢復之後再次施予刺激，使人體長期處於一般適應症候群的「刺激－恢復」循環之間，達到波浪狀逐步向上適應的成果，那團塊式週期又是怎麼做的呢？

　　團塊式週期在每一個團塊裡，基本上也不例外的依循了一般適應症候群的進步方式，讓身體處於適當的刺激和循環週期裡。不過，當一個訓練計畫從肌耐力期、肌肉生長期逐漸走到最大肌力期，在最大肌力期有一些進展之後停滯了，該如何處理呢？處理的方法當然不只一種。

　　有一種很常見的作法是「重啟週期法」，就是當最大肌力期發生停滯的時候，訓練者可以（在策略性的休息恢復之後）回到更早的週期重新開始訓練，更早的週期指的未必是肌耐力期，回到肌肉生長期也是一個可行的作法，此時由於最大肌力期已經有一些些進展了，所以在開始新的肌耐力期或肌肉生長期的時候，可以使用比之前練肌耐力或肌肉生長的時候還要重的重量，因為雖然訓練肌耐力的強度區仍然是65%以下，訓練肌肉生長的強度區仍然是65-85%，但是因為最大肌力已經提高，所以使用的實際重量也可以比之前還要高，因此對身體的刺激變得更強烈。用比較高的強度訓練肌耐力和肌肉生長，可以達到更好的身體素質和體力基礎，更有機會啟動下一波的最大肌力進步。

　　從另外一個角度來看團塊式週期訓練，會發現這種週期訓練的設計其實符合了一個趨勢，就是從訓練初期到訓練後期，訓練的量是從高到低，訓練的強度是從低到高。訓練「最初的肌耐力」，訓練模式是低強度高反覆次數，很容易累積巨大的訓練量，從事「肌肉生長期」的訓練方式，是中強度中等反覆次數，累積了次最大的訓練量，從事「最大肌力訓練」時使用的模式，是高強度低反覆次數，累積了最低的訓練量。

　　舉例來說，假設有人的握把式後腳抬高蹲最大肌力是200公斤，以65%的重量進行3×12的肌耐力訓練，累積的訓練量為200×65%×3×12＝4,680公斤。如果以75%進行3×8的肌肉生長期訓練，累積的訓練量為200×75%×3×8＝3,600公斤。如果以90%進行5×2的肌肉生長期訓練，累積的訓練量為200×90%×5×2＝1,800公斤。以上的百分比和次數組數當然只是舉例，訓練者和教練可以在類似的區間修改，但是大致上不會脫離訓練量逐步降低，訓練強度逐步提高的趨勢。

　　根據以上的資訊，我們可以對團塊式週期作出幾個簡單的結論：首先，依序發展肌耐力、肌肉生長和最大肌力，可以分階段地逐步達到提升最大肌力的目標。但是在達到最大肌力目標之前，必須先經歷高反覆的基礎肌耐力訓練，接著進入肌肉生長訓練，在這兩個階段裡，最大肌力都不是當下的最佳狀態，直到這兩個階段完成，進入最大肌力期時，最大肌力才開始逐漸提升。

　　這樣做的好處可能是打下較好的基礎，以促成後續的進步，但是這樣做的壞處是，在達到進步之前，必須經歷長期的非最佳狀態。對競技運動員來說，這樣的方法很不容易融入他們的訓練日程，而且反對者也認為，肌耐力和肌肉生長未必是訓練最大肌力的先決條件，花費長時間去打基礎，不如直接進行最大肌力訓練，只要顧及動作品質，並約束進步幅度，不要在訓練初期讓重量增加太快，其實就可以安全的提高最大肌力，同時也會帶來肌肉生長和肌耐力的附加價值。

　　了解完傳統線性模式及團塊式週期，接下來介紹比較特殊的共軛訓練法。

共軛訓練法

共軛訓練法的觀念源自於前蘇聯的教練和運動科學家，後來因爲美國的「西岸槓鈴」在健力及肌力體能界大放異彩而震驚美洲大陸，其創辦人路易‧西蒙斯憑著堅強實力和特殊個人風格引領了一群異常強壯的新人類，衝擊了肌力及體能的市場，即便他們支持使用表現促進藥物的立場，導致一些人對他們的訓練方法有些疑慮，但在共軛訓練法的訓練方式被一般非用藥訓練者廣爲運用且發現效果之後，這種訓練方法最終仍風行世界，以下我們先來探討共軛訓練法的基本結構。

前面提過傳統線性模式的愛用者通常都專注於最大肌力的進步，3×5或5×5的訓練占了絕大多數的訓練課表。而團塊式週期的支持者則在3×12、3×8和3×5的次數組數範圍附近，分階段逐一訓練肌耐力、肌肉生長和最大肌力，若有專項需求則再轉進爆發力或各種專項肌力的訓練階段。這樣是基於避免訓練不相容性的理由，但也因此讓團塊式週期招致一些批評，這些就不再贅述。與線性和團塊大不相同的共軛訓練法，大膽地將最大肌力、爆發力、肌耐力和肌肉生長放在一起，不僅僅是放在同1週，而是直接放在同1天，這是一種把「同步週期」用到極限的訓練方式。這樣的方式是否會產生訓練不相容性的問題呢？前蘇聯以及西岸槓鈴的訓練者很巧妙地避開了不相容性的問題，方法是使用「變化動作」。以下就先分析一下共軛訓練法的結構：

共軛訓練法先將肌力訓練動作分爲3大類：最大肌力訓練（maximum effort）、爆發式訓練（dynamic effort，或稱動態訓練），以及高反覆訓練（repetition method）。所謂的最大肌力訓練，是將當天選定的動作逐步做到最大重量，通常是1RM，只有少數危險性較高、較不適合做1RM的動作如早安運動等可以選擇做到3RM，但無論是1RM還是3RM，都要做到當日所能允許的最好。爆發式訓練則是利用輕的重量，並且加掛可以製造變動強度的彈力帶和鐵鍊，用最高速度做訓練，以

提升動作速度及爆發力。高反覆訓練則類似肌肉生長或肌耐力訓練（這兩種訓練的效果本來就部分重疊），是用來針對比較弱的部位做補強用的訓練。這種同一週訓練最大肌力、爆發力和肌肉生長／肌耐力的訓練方式，是一種同步訓練的概念。

共軛訓練法另一個與眾不同的地方，在於大量利用變化動作來設計課表。在傳統線性模式及團塊式週期課表裡，動作選擇並非主要的操弄變項，雖然這並不表示傳統線性課表及團塊式課表不可以換動作，但是換動作並不是這兩類課表的重點，換動作通常是因為專項需求或是受傷等個人因素，而非直接用來提升最大肌力的手段，因為這兩種課表的精要之處，就在於如何利用適當的刺激－反應循環提升「同一個動作」的最大肌力。

但是，在共軛訓練法裡，換動作本身就是一個提高最大肌力的手段，這種設計是根據前蘇聯的經驗，發現對於肌力訓練的進階者而言，同一個動作如果連續實施3-6週的高強度訓練，最大肌力在持續進步了3週之後，就可能會發生「撞牆」現象，怎樣練都無法再加一點點重量，硬要加就可能會受傷。這種現象對於許多長年訓練的人來說應該不算陌生，一般遇到這種情形的時候，常見的作法是給自己1週的低強度週，如果不夠就再延長，促進恢復之後再逐步提高，有些人則認為，既然訓練幾週後就撞牆的問題幾乎必然出現，乾脆就預先規劃deload課表，讓身體在每3-6週的逐步提高後，就可以得到1週或數週的低強度／低量的恢復期，讓身體充分恢復。這種方法的問題在於，恢復期有時候一拉長就遙遙無期，身體為了恢復就容易缺乏刺激，增加刺激就容易無法恢復，變成一種兩難的窘境。

共軛訓練法的處理方式則是，大重量訓練的過程裡之所以會在幾週內就遇到一次撞牆，其實跟身體局部的過度訓練有關，這也就是前面提過的「特殊變化度」的觀念。假設一位訓練者每週都用直槓背蹲舉訓練肌力，每週訓練完之後就有可能會留下一些局部的疲勞，通常發生在比較弱的身體部位，有些人可能是膝關節，有些人可能是下背，這些小地方的細微疲勞經過幾週的累積之後就會開始抗議，讓人無法繼續進步。如果在訓練之初就持續不斷的改換課表內容，利用「同一類型的各種不同變化動作」來輪替，以進行每週都不一樣的訓練，這樣的方式就可以避開累積局部壓力的現象（爆發力日換動作的頻率可以比較低，同時可以藉由微調爆發力訓練的強度來避免停滯）。

一直換動作怎樣監控進步呢？說起來其實也很簡單，變化動作無論多寡，總有輪換回來的時候，假設有一位訓練者選了6種不同的深蹲方式（直槓背蹲舉、高箱

蹲、低箱蹲、握把蹲、握把後腳抬高蹲以及前抱式深蹲等6種），則每6週一循環，每隔6週就會再次使用同一個動作做最大肌力訓練，只要參考6週前的數據，就可以知道自己有沒有進步。

更重要的是，這樣的方式讓肌力訓練擺脫了傳統健力和舉重的思維，認為只有某幾個特定動作的進步是有意義的，以健力來說就是健力三項的臥舉、背蹲舉和硬舉，以舉重來說，就是抓舉和挺舉，其他的動作因為比賽不比，所以進步了也沒意義。但是，非健力或舉重的競技運動員及一般民眾需要的，並不是某種動作的運動表現而已，而是需要肌力訓練帶來的最終效益——強壯，所以無論是什麼動作，只要動作已經純熟，已經脫離動作學習的階段，則任何動作的進步都代表了人體肌力的進步。

輪流進步許許多多不同的動作，不但可以避開訓練傷害，還可以訓練出更「多元」的肌力，對競技運動和日常生活的效益極大。因為對競技運動員、軍警消和一般民眾來說，重要的不是某個特定的動作PR不斷進步，重要的是身體長期處於高肌力低疲勞狀態，這樣才可以應對各種任務挑戰。所以，輪替著使用不同動作，讓身體適應高力量輸出的感受，讓規律的大力量輸出變成習慣，效益更勝於單一動作突破PR。

有趣的是，這樣的觀念其實也很適用於健力或舉重。「西岸槓鈴」的陣營在訓練自家選手的作法，就是依循著這樣的觀念，在長期訓練裡鮮少動用比賽動作，而是用大量非比賽的動作將力量練得很全面，直到接近比賽才視情況逐漸提高比賽動作的訓練頻率，長期以這套系統訓練的選手甚至有可能會在整個備賽期都使用變化動作來訓練，只有在健力比賽當天才使用比賽專用的臥舉、背蹲舉和硬舉。

有些訓練者把特殊變化度的觀念發展到極致，將每一類動作都找到數十個變化動作，填滿一整年的訓練課表，讓自己在一年之中不重複任何動作，下次接觸到完全相同動作的時候可能是一年以後，而因為這一年來都是以同類型的其他動作進行訓練，所以即使一年沒碰同一個動作，仍然會因為由其他動作培養出來的肌力提高，使得一年後的同一個動作肌力也提高。以下舉例說明共軛訓練法課表設計，特別值得一提的是，共軛訓練法課表只是一個概念，內容可以千變萬化，所以舉例的內容都是為了方便說明而尋找的方便選擇，未必是有特殊意義的動作。

	星期一	星期二	星期三	星期四	星期五	星期六	星期日
	下肢爆發力日	上肢爆發力日	休息	下肢最大肌力日	上肢最大肌力日	休息	休息
主項目一	彈力帶箱上蹲 10組2下	鐵鍊臥推 10組2下		箱上蹲 1RM	地板臥推 1RM		
主項目二	鐵鍊相撲硬舉 10組2下	屈體划船 8組3下		早安運動 6組3下	啞鈴上胸推 3組10下		
補強動作	單腳RDL 4組10下	壺鈴單肩推 3組10下		負重跨步前進／ 後退 6-8組15公尺	單手划船 3組10下		
GPP	推雪橇 6-8組15公尺	負重引體向上 3組10下		拉雪橇 6-8組15公尺	高拉 3組10下		
	核心訓練	二頭肌彎舉 3組10下		核心訓練	三頭肌伸展 3組10下		

共軛訓練法課表

以上的課表純粹是依照共軛訓練法的原理隨選動作編成的，必須一再重提這一點是因爲，共軛訓練法的關鍵詞就是「變化度」，利用一系列的變化去閃避受傷和停滯。讓我們來解析一下這種課表的內容。

首先，從課表整體來看，1週4日的課表其實分爲2個上半身訓練日和2個下半身訓練日，下半身爆發力與下半身最大肌力相距至少3日，上半身爆發力與上半身最大肌力也相距至少3日，這是共軛訓練法慣用的72小時原則，意思是同1個身體部位在1次強烈的刺激之後（不管是最大肌力訓練還是爆發力訓練），要給身體至少72小時的恢復時間，才能夠達到夠好的狀況，讓身體再接受1次強烈的刺激。

接著我們看第1日和第2日的爆發力訓練課表，在這個課表裡，會有1-2個主要動作，以下肢訓練來說，彈力帶箱上蹲以及鐵鍊硬舉這兩個都是爆發力動作，次數是

10組2下，除了以多組的方式累積相對較高的「訓練量」之外，這樣的設計還有幾個重點值得探討。首先，是關於使用變動強度訓練爆發力這件事，鐵鍊和彈力帶都是變動強度的器材，配合槓鈴妥善使用，可以製造出一個隨著動作幅度改變的阻力。以深蹲來說，如果在槓鈴的兩端掛上鐵鍊，就可以製造出這種效果，當訓練者深蹲到底的時候，大量的鐵鍊接觸地面，重量由地面支撐，訓練者感覺到阻力降低，隨著訓練者站起的過程，越來越多鐵鍊跟著離開地面，背上的槓鈴總重也越來越重，使用彈力帶也會製造出類似的效果。這樣讓不同的動作幅度撐起不同重量的「變動強度訓練」，在肌力訓練上有許多應用。

為什麼變動強度可以刺激肌肉加速的能力呢？支持這種訓練方法的人們認為，人體的肌肉和動作都會有先天的自我保護機制，所以，當我們在做高速度動作的時候，外表看似一路加速直到動作結束的那一刻瞬間停住，實際上肌肉在動作結束之前就會先提前開始減低速度，否則動作不會剛好停在結束的那一點。如果肌肉一直用力到動作結束的那一刻，完全沒有經歷減速，則在到達動作終點的那一刻也不會就這麼停住，而是會超過動作的終點才停住。我們可以用臥推為例，如果我們使用一個夠輕的重量，則我們應該可以用非常高的速度去推動槓鈴，但是如果我們全程都不減低力量，不減慢速度，則槓鈴在動作的最高點應該很難停住，會有脫手飛出的危險，因此人體會自然而然在動作接近終點時減速。這種無意識的減速過程，其實是肌肉力量輸出降低的結果。但是，以訓練來說，我們希望肌肉不要遵守這種天然的速限，我們希望肌肉可以從頭用力到尾，而變動強度剛好可以「欺騙」肌肉，讓肌肉為了對抗持續增加的重量而一直用力不敢鬆懈。

變動強度的另外一種應用雖與高速度無關，但也值得在這裡提一下。這種方式是基於人體關節角度和力量之間的微妙關係而設計，雖然影響肌力水準的因素很複雜，不過如深蹲、硬舉、臥推等動作都呈現了一種在最低點力量較弱，最高點力量較強的趨勢（雖然硬要計較的話，許多人的困難點不盡然在動作的最低點，只能概略的說在越低的範圍力量越弱，在越高點力量越大）。而肌力訓練裡，一個動作所能負起的重量，其實是對齊了最弱的一點所能負擔的重量。舉例來說，深蹲最難的一段通常都在低點附近，隨著姿勢越來越高，可以負擔起的重量也就越高，如果我們分開檢測，就會發現半蹲可以蹲得比全蹲還重。這樣的現象讓肌力訓練效果局限在這個較弱的低點，換句話說，當重量已經通過最困難的一段，剩下的其實只是把動作做完而已，動作的後半程往往比較沒有挑戰性。將槓鈴加掛鐵鍊或是使用彈力帶可以彌補這個缺點，隨著身體姿勢越來越高，需要對抗的壓力也越來越大，這樣一來讓動作的各階段都是全力以赴的，這樣的方法適合用在最大肌力日。

　　回到爆發力課表的議題，爆發力課表裡利用變動強度完成了高速度的部分，關於這部分應該要使用多重的重量，目前並沒有定論，一般而言，槓鈴的重量大概在最大肌力的30-50%，額外的鐵鍊重量或是彈力帶的張力再補上一些重量，讓最終的總重控制在80%以下（或是更低），畢竟這是一個高速的動作，訓練時要以還能夠高速操作為前提，不管教科書裡列出的爆發力訓練強度為何，如果在實際訓練的時候無法做出高速度的動作，可能就還有放輕的必要。

　　在爆發式動作之外，剩下的動作就是以肌肉生長和肌耐力為目的的高反覆訓練，高反覆訓練在這個課表裡的安排需要依照兩個原則：第一，要盡量選擇與爆發力或最大肌力動作不同的動作形態。第二，要針對訓練者的弱點加以補強。從第二個原則可以看出，共軛訓練法其實是一個非常具有「個別化」潛力的課表，不過個別化的程度也不需要太過頭，因為根據經驗，絕大多數訓練者的弱點都跟肩膀、下背、髖關節和膝蓋有關，所以針對這些部位進行訓練的方式往往可以適用於大多數人。除了上述兩點之外，補強的部分也可以針對「功能性」，例如當主項目屬於雙側訓練時，補強可以試著用單側訓練進行。

　　課表的第3個和第4個訓練日，分別是下肢最大肌力以及上肢最大肌力，在下肢最大肌力裡，箱上蹲是一個要練到當日1RM的動作，早安運動則是要練高強度的6組3下，對於最大肌力這一點，許多人都抱持遲疑的態度，認為每週找一個動作練到1RM是否會太過於瘋狂？但是支持共軛訓練法的人們則認為，運動場上的奔跑、衝刺、衝撞、踢打等，也都是全力以赴的動作，運動員如果不習慣全力以赴，也將無法適應激烈的運動競技，讓訓練者用熟悉的動作對著槓鈴做全力以赴的最大肌力訓練，是一個安全又有挑戰性的方法。訓練到最高強度可以帶來非常劇烈的生理反應，可以對身體造成無可比擬的衝擊，畢竟最大肌力就是一個當時已經不能再更高的重量，最大的重量帶來最大的刺激，這不是用別種強度可以模擬出來的。

　　最大肌力過後，接著又是針對弱點的補強和肌肉生長訓練，設計的邏輯與爆發力日相同。從這一點來看，共軛訓練法課表大部分的時間都花在輔助訓練，只有少數時間花在最大肌力和爆發力。如此設計背後的邏輯為何？我們先想像一下，如果遮住了共軛訓練法課表的爆發力和肌肉生長訓練，我們會看到1週有2天最大肌力日（1天是下半身最大肌力日，1天是上半身最大肌力日），所以這個結構類似線性模式後期的課表，1個身體部位有1天最大肌力日，將人體粗分為上半身和下半身，所以有2個最大肌力日。每週1次最大肌力日，即使不換動作、不加入其他訓練，就可能已有逐步進步的潛力了，不過為了讓這個進步不會曇花一現，還要加入其他元素。

如果放開遮住爆發力訓練的手，再看看課表，我們看到1天上半身高強度，1天下半身高強度，再配合1天上半身低強度，和1天下半身低強度，高強度的1天是爲了帶來進步，低強度的1天是輔助高強度日的效果，只不過共軛訓練法的低強度有「高速度」的特色，並且利用鐵鍊或彈力帶提供變動強度，讓運動員可以在不必舉那麼重的情況下仍然可以得到訓練。一個輕的動作如果慢慢舉，則可能只有動態恢復的功效，但是如果快快舉，就有提高神經動員能力的功效，尤其我們人體的快縮肌纖維只對大重量和高速度有反應，在1週裡安排1天大重量（1RM）訓練，再安排1天高速度訓練（爆發力日），可重複刺激最難練的快縮肌纖維，讓身體早日提升神經的動員能力，讓身上的肌纖維都能提高力量輸出。

除此之外，爆發力日也有累積訓練量的功效，從長期的觀點來看，肌力訓練要能夠成功，訓練者必須要做到足夠的「訓練量」。最大肌力日是很不容易累積訓練量的訓練日，一個動作從嘗試極限到眞的做到極限，其實沒有太多的反覆次數，通常在初期以每組3下的嘗試過程，在3-5組之內就會逼近極限重量，最終達到的強度雖然高，累積的訓練量卻並不多。爆發力訓練的重量較輕，經得起較高的總反覆次數，雖然這個總反覆次數不是連續的，而是透過很多組的2-3次反覆去累積的，但是還是有累積總訓練量的功效（當然，肌肉生長的部分也會幫助累積總訓練量）。

從前面的敍述看起來，共軛訓練法的課表其實不過就是個1週1次高強度與1次低強度（但高速度）的課表，配合補強性的肌肉生長訓練而已，而線性模式終究會遇到到的停滯問題，共軛訓練法又該如何破解呢？其實關鍵就在於前面一再提及的大量變化動作。大量的變化動作讓每個動作的蜜月期不斷連接，一個動作尚未到達停滯期前，身體又開始適應新的動作，在新的動作產生進步。有些比較溫和的變化方式，是讓一個動作可連續重複3-4週，大概在動作快要出現瓶頸的時候就換到下一個動作，比較多變的變化方式，就是讓每1週的動作不同，間隔3-6週才輪回到第1個動作，最極端的方式，是選取數十種變化動作，讓身體長時間都不會遇到一樣的刺激。

共軛訓練法利用同時操作訓練強度、訓練量、動作速度和變化動作等訓練變項來製造進步，這個方式目前被廣泛地採用，而且衍生出許多的變體，可以說是有效而又穩健的訓練方式。接下來讓我們更進一步，討論不同週期之間結合運用的方式。

共軛序列週期法

前面提過，共軛訓練法的訓練方式同時刺激許多種不同的能力（最大肌力、肌耐力、肌肉生長、爆發力），這種方式也被稱為「同步訓練」（concurrent training），意思是同時發展許多能力的意思。當然，同時發展許多能力未必都會有效。事實上，共軛訓練法之所以用變動強度進行爆發力訓練，用多組的爆發力累積訓練量，然後讓最大肌力動作每週都不同，也讓補強動作與主項目不同，這些「不同」和「變動」，都是為了避免同步訓練的時候同時產生太多的疲勞，或是產生訓練不相容性，導致短時間就遇到進步的瓶頸。

不過，即便共軛訓練法使用了大量的變化來避免疲勞累積及訓練不相容性，這也並不表示共軛訓練法裡同步訓練的多種能力都要以相同的速率進步。實務上的一種常見作法，是在維持共軛訓練法基本架構的前提之下，輪流讓其中一種能力成為階段性的「主打項目」，其他能力並不停練，但是可能暫時減低其重要性。

舉例來說，同時包含了最大肌力、肌耐力、肌肉生長、爆發力訓練的共軛訓練法課表，在開始訓練的第1個月裡，先致力於提高肌耐力和肌肉生長，至於最大肌力和爆發力則僅做「維持型訓練」，維持型訓練的特性是盡量不要製造疲勞，若自然產生進步當然無須避免，若無法產生進步則僅維持在一定的水準，不要多花力氣追求突破。第1個月結束之後，從第2個月開始將重點改為最大肌力，其他能力的重要性降低，轉為維持型訓練。最後一個月將重點放在爆發力，其餘能力進入維持型訓練。簡單來講，這種方式讓共軛訓練法也出現了團塊式週期的特性，可以說是團塊式的共軛訓練法，基本的編排方式如下表：

	第一階段	第二階段	第三階段	第四階段
肌耐力	主項目	維持型訓練	維持型訓練	維持型訓練
肌肉生長	維持型訓練	主項目	維持型訓練	維持型訓練
最大肌力	維持型訓練	維持型訓練	主項目	維持型訓練
爆發力	維持型訓練	維持型訓練	維持型訓練	主項目

　　運動訓練上的「共軛序列週期」就是利用這種概念。舉例來說，田徑短跑選手可能同時有提升速度、最大肌力和爆發力等目標，如果三者同時猛練，可能會過度訓練，如果三者輪流訓練，又可能會顧此失彼，此時教練可能會將訓練規劃成三個階段，第一個階段致力於提高最大肌力，但維持輕鬆的速度和爆發力訓練，第二階段致力於提升爆發力，但維持輕鬆的肌力和速度訓練，第三階段，致力於提高比賽場所需的速度，但仍維持肌力和爆發力訓練，基本的編排方式如下表：

	第一階段	第二階段	第三階段
最大肌力	主項目	維持型訓練	維持型訓練
爆發力	維持型訓練	主項目	維持型訓練
速度	維持型訓練	維持型訓練	主項目

　　這種訓練方式也很像讀書考試，如果有好幾個考科，考生應先致力於搶救成績最差的，但是又怕其他科目生疏，因此必須維持少量的準備，等到最差的考科被救起來，馬上改為「維持型訓練」，並且將心力轉向目前最需要補救的科目，依照這個規律，依序輪換下去，被救起來的科目就保持良好狀態即可，分數較差的科目就輪流當成主項目。

　　這種訓練方式讓肌力訓練充滿可以微調的彈性，而且隨時可以與專項運動訓練結合，只要做好訓練的總量管制，無論是配合爆發力項目、耐力項目還是混合能力的項目，都可以用階段性的方式規劃適合訓練者的課程。

　　以上是共軛序列週期的概述，共軛序列週期其實就是團塊式週期和共軛訓練法的綜合體，因為團塊週期和共軛訓練法的原則和特性在前面篇幅都已經敘述，在此就不再贅述這些雷同的部分。接下來要探討一個迥然不同的訓練方式：彈性訓練法。

彈性訓練法

前面的各種訓練方式主要的特性，都是對身體重重的施加壓力刺激，去激發身體的反應，無論是反應在肌肉生長或神經控制，總之最終都是激發最大肌力。這種訓練方式，刺激過後必須面對的問題是恢復，肌力訓練中要痛痛快快地施加壓力，其實相對容易，一點點熱血加上一點點瘋狂，就可以在短短一堂課讓身體經歷大量的壓力。但是，熱血瘋狂過後，需要面對的現實問題是如何恢復。

許多訓練者共同的經驗是，在訓練過程中非常刻苦也熱血的把課表硬吃下去，以為訓練即將有重大進展，殊不知真正的困難才剛剛開始，如何從劇烈的疲勞當中恢復，而且取得向上適應，是比訓練還要更複雜、更難掌控的事情。這當然不是說，前面的週期訓練方式是錯的，我們採取的分析方式是逆向工程。逆向工程的意思是解析已知成功的作法，在解析的過程學習成功的經驗，換句話說，前面的方式都已經證實有效，只不過它們的效果必須由訓練過後的恢復和再生（regeneration）過程配合，才會順利發生。而我們要思考的是，有沒有別的方式可以誘發進步？

有一種訓練方式完全反其道而行，這種訓練方式不要求刻苦、不標榜費力，某個程度上來說，這種訓練法甚至盡量避免費力，在動作標準且輕鬆自然的情況下，把重量當作一個流暢的技術來練習，而且早在感覺到一點點疲勞的情況下就結束訓練，極少數的要求是，如果覺得手上的重量實在太輕，就讓自己加重，而最重要的一件事是「幾乎每天練習」。

這種作法的代表是帕維爾和丹・約翰（Dan John）。丹・約翰謂之「Easy Strength」（輕鬆力量），帕維爾則喜歡用「grease the groove」來形容這種訓練方式，所謂的grease the groove，按照字面上翻譯是在機器的軌道上塗油的意思，實際上指的就是技術訓練。帕維爾和丹・約翰都主張「力量是技術」（strength is a skill），做出動

作是一種技術，在動作中動員更多的運動單位參與也是技術。丹・約翰甚至做出了一個生動的譬喻：既然力量是技術，技術的學習，就好像在學打字一樣，死命地用力敲鍵盤不會有任何進展，反倒是氣定神閒地一個字一個字慢慢打，一旦熟練了，速度和準度自然會出來。

肌力訓練也是如此，與其一直用重量強逼自己長出新的肌肉，再逼著肌肉長力量，其實還有一個方法，是在既有的肌肉裡開發力量。前面提到過，從許多真實世界的事件可以看出，人體其實蘊藏了巨大的力量潛力，只是在正常狀態下難以發揮，而這種技術訓練的方式，正是「誘發神經系統的潛力」。

這種訓練思維認為，肌力的進步是神經系統終於覺得安全，決定釋放力量，即便再沒有新的肌肉量出現時，肌力也會因此進步。要誘發這種訓練效果，訓練的內容會有幾個特性：低強度、小訓練量、高頻率、被動式進步，以及絕對恢復。以下就這些特性逐一進行探討。

低強度

「低強度」指的是這種訓練永遠從非常低的強度開始，動作一定要遊刃有餘，不需要任何掙扎和咬牙切齒。低強度並不表示永不加重，而是從低強度開始，唯有在低強度感覺實在太輕鬆了，才逐漸加重，而在絕大多數的時候，新加的重量也必須是遊刃有餘的範圍，這種輕鬆的練習要占訓練歷程的絕大多數。

小訓練量

這種訓練方式每次的訓練量都很小，目的是為了不要累積疲勞，依照丹・約翰的作法，每個動作都須遵守「十下法則」，意思是每個動作在每次訓練課程中最多只能夠「累積十次反覆」，相較於其他訓練方式，這種總次數是非常少的。累積十次的方式例如：三組三下，五組兩下，兩組五下等，都是在十下以內，除此之外，如果使用的是每次只做一下的練法，則因為使用的重量可能比較重，總次數還會縮減到六下以內。

高頻率

這種訓練方式可以幾乎每天訓練，每週可以訓練五到七次，而且可以連續長期為之，丹‧約翰有著名的40日訓練法，就是用這種每週五到七次的訓練頻率，持續累積四十天訓練。

被動式進步

呼應前面的「低強度」訓練，訓練所使用的重量一律不預先規劃，而且允許高低波動，換言之，連續一段時間的訓練過程中，訓練者每天都可以依照當天的狀況選擇加重或減重，只要覺得力有未逮，當天可以直接改為非常輕鬆的訓練，只要覺得狀況不錯，當天就可以提高訓練強度，而何時破紀錄，讓身體自行決定，身體準備好了，重量數字就會上來，身體沒有準備好，就會繼續在這個流程裡緩慢適應。

絕對恢復

「絕對恢復」指的是這種訓練方式非常注重恢復效果，恢復包括組間恢復以及每個訓練日之間的恢復。組間恢復方面，訓練者可以允許自己盡量恢復，帕維爾認為一個五到十分鐘的組間恢復都可能是合理的，不要急著做下一組。而訓練日之間的恢復更是重要，不要有任何疲勞拖到隔日，事實上，這種訓練應該要製造「訓練後比訓練前感覺更有精神」的效果。

以上的幾種原則，都是在展現這種訓練對「神經系統」下功夫的特性，這種訓練方式認為，神經系統是一個「神經兮兮」的系統，任何驚擾都可能導致身體緊縮用力的權限，一個非常疲累的訓練課，或是一次太接近危險的大重量，都有可能嚇到神經系統，而隨之而來的「適應」過程會朝向身體避免這種恐怖經驗的過程，避免的方式就是下次試舉大重量的時候直接啟動「自動煞車」，讓力量無從發揮，舉不起來就不會危險。要突破神經系統這種神經兮兮的恐懼感，必須連哄帶騙讓神經系統開放權限，所以要從低強度開始，組間休息要夠長，單日訓練量要夠小，因為如果驚擾了神經系統，就可能產生反效果。但是，由於強度低，訓練量小，累積效果

不易，所以採取高頻率的方式，讓身體漸漸適應每天接觸一點小重量，然後逐漸放下戒心，放下戒心的時候，訓練者會開始感覺到原本輕鬆的重量變得更輕鬆，接著就可以開始加重量。

這種訓練會不會有刻意突破極限的時候呢？原則上來說，絕大多數的進步都來自於逐步提高所能輕鬆舉起的重量，而光是做到這一步，很可能就可以長期維持在高強度附近。破紀錄不是預先規劃的，如果有某一天覺得信心滿滿，的確可以試著破紀錄，但是必須注意兩件事：第一，破紀錄之後的隔天起要刻意回到很低的強度練一陣子。第二，不可以高頻率地嘗試破紀錄，否則驚嚇到神經系統時，一切又會開始倒退。

這種訓練有一個附加的優點，就是因為肌力訓練本身總是採取輕鬆且小量的訓練，所以有其他訓練目標或任務的競技運動員或軍警消人員，可以有充沛的體力從事其他訓練，比較不需要像前面提過的一些週期訓練模式，一直為了控制訓練總量和恢復疲勞而煩惱，而且稍不注意就可能過度訓練。

彈性訓練方式的缺點，是這種訓練方式的進步期望值可能會比前述的一些訓練模式小，因為彈性訓練法主要著眼於神經系統，因此沒有刻意增肌的過程，少了提高肌肉量的幫助，當然肌力的進展會受到一些影響。這並不表示彈性訓練法不能夠配合肌肉生長型的課表使用，也不表示彈性訓練法是一個比較無效率的訓練法，事實上對於需要控制體重又需要訓練其他運動項目的運動員來說，低強度、低訓練量的彈性訓練法，可能是幫助提升運動表現的最佳手段。

.

CHAPTER 12

反思與見解

前面動作選擇的篇章裡探討到，肌力訓練者總是在提升肌力與保持靈活度之間抉擇，偏重健力式的訓練雖然讓人短期提升了最大肌力，脊椎負重的訓練也讓脆弱的脊椎結構獲得強化，可是因爲高頻率使用深蹲和硬舉有可能導致脊椎僵硬（這對於提高負重能力來說固然是好事，但對其他運動員則未必），進而可能導致運動員喪失部分的敏捷和靈活度，還有一部分的人在進步的過程裡，就持續出現足以影響運動表現和生活品質的下背疼痛問題。長期缺乏變化動作的方式也容易讓訓練因爲局部的過度使用產生停滯，而且就算沒有過度使用的疑慮，訓練出來的力量越來越有「臥推專項化」「深蹲專項化」或「硬舉專項化」的現象，讓肌力訓練在提升運動表現的效果上越來越不明顯。

這樣的現象是很矛盾的，我們既希望脊椎穩定性提高，又不希望脊椎穩定性發展成僵硬性，我們希望在對抗大重量的時候脊椎能夠有足夠的承載力，但是又希望在競技運動場上保持靈活。我們想要達到的效果以及想要避免的事情至少有以下：

▶提升脊椎負重能力

▶提升核心穩定性

▶提升全身肌力

▶用多元動作形態訓練肌力

▶避免核心僵硬

▶避免訓練導致的疼痛

提升脊椎負重能力

提升脊椎負重能力是人體強壯的條件之一，對於激烈碰撞的運動員來說，這項能力的重要性不言而喻，如果沒有強壯的脊椎骨，激烈的身體接觸型運動將會變得很危險。但是，卽使不是競技運動員的一般人，脊椎負重仍然是一個關係到脊椎健康及生活品質的重要訓練，脊椎骨的椎體容易骨質疏鬆，日常生活中和運動訓練中如果一再避開脊椎負重，則脊椎骨會逐漸越來越弱，長期退化有可能會導致扭曲變形。因此，適當的脊椎負重訓練有其必要，不能將所有脊椎負重的動作都視爲洪水猛獸。

提升核心穩定性

提升核心穩定性的重要性不僅僅是關乎重量訓練，任何需要發力的動作都需要以「核心穩定」為先決條件，才能夠藉由提高身體中軸穩定性來釋放四肢的活動度和力量，有鑑於此，「配合呼吸法的肌力訓練」必須占肌力訓練的絕對多數項目。

提升全身肌力

肌力訓練應該要盡可能製造全身一起參與的機會，人體的動作雖然由各肌群所組成，但是一個動作是否有力量，需要肌肉間的協調用力，尤其人體許多肌肉互為拮抗，高水準的「動作力量」並非來自所有的肌肉一起用力，而是來自於該用力的肌肉用力，該放鬆的肌肉放鬆，所有的肌群在對的時機同時扮演好自己的角色，才有可能做出敏捷又強力的動作。

用多元動作形態訓練肌力

這是讓人比較不易理解的一點。許多人會覺得，深蹲很強不就表示肌力很強了嗎？不然為什麼會有深蹲硬舉2倍體重的建議？而且，即使是為了提升專項肌力，不是也應該使用專項動作來壓重量，為什麼要多元肌力呢？關於這一點，就必須回到「肌力技術」這件事，也就是說，在使用任何一個肌力訓練動作的時候，都同時進步了技術和肌力，但是真正可以遷移到運動表現和生活品質的主要是肌力，其次才是與競技或日常動作相似的重量訓練技術。我們可以說，各種肌力訓練動作都只是「人體用力的能力」在各種技術裡的表現而已，我們要致力提高的是人體用力的能力，各種訓練動作只是憑藉，不是結果。為了讓人體用力的能力不要局限在特定的槓鈴動作裡，我們必須利用任何有負重潛力的人體自然動作加重，且有系統地輪流使用各種變化動作，才能建構更全面的肌力。

避免核心僵硬

我們發現「長期」以深蹲硬舉作為肌力訓練的主要動作，會讓核心朝向「非常穩定」的方向訓練，但是在訓練過程中若穩定性不足，身體就會提供僵硬性來彌補，雖然目前並不清楚這樣的情形有多普遍，但是從許多世界級的健力選手或教練的一些自述看出，這樣的情形並非特例。這也與最後一點「避免訓練導致的疼痛」有關。

避免訓練導致的疼痛

訓練之所以會導致疼痛，未必是因為運動中做錯了什麼動作，或是發生了什麼意外，如果是意外傷害，我們通常會很輕易地明白問題的來源和嚴重性，但是很多時候疼痛來自於一個近乎完美的訓練動作，這很可能就跟訓練的壓力大小、訓練頻率多寡、訓練者個人的耐受度，以及這樣的訓練壓力已經累積多久有關。

從上面各點可看出，肌力訓練要避開的暗礁還真不少，許多問題都在不經意的過程裡形成，在沒有預期的地方發生，要避開這些問題，「動作選擇」和「週期設計」的技術是必然要結合的。傳統線性模式和團塊式週期設計都不太討論變化動作的問題，在這些週期訓練模型裡，訓練的變項是訓練強度、訓練量以及訓練頻率等，只有共軛訓練法提及了以動作選擇作為訓練變項之一。

我們曾經大量嘗試變化動作，發現不斷變化動作是可行的，的確可以帶來避免訓練傷害的功效。但是，並不是只要一直換動作就可以，如果轉換不當，有時還會讓情況越來越糟，不明原因的疼痛會時時發生。經過不斷地嘗試錯誤，逐漸累積出一些想法，我發現如果要滿足上面所有的要求，必須先釐清每種動作對脊椎的負重情形。以下是我們觀察的結果：

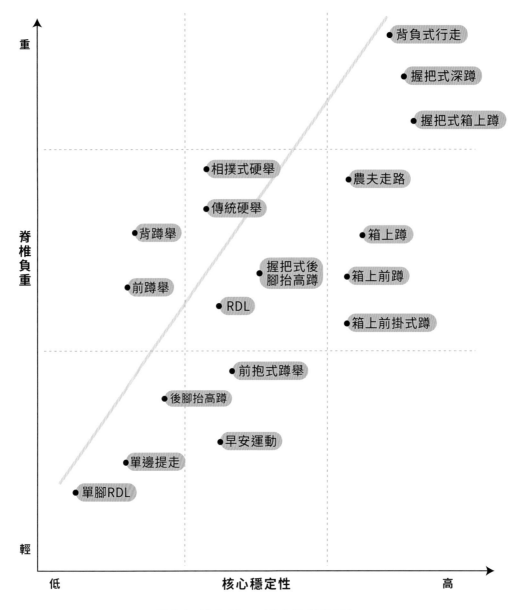

肌力訓練負重──穩定性分類圖

上面這張圖想要傳達的是各種動作的相對關係,所有動作標定的位置都只是根據經驗的概略位置,不是經過任何精準計算的結果,而且人與人之間有個別差異。圖中的縱軸是脊椎負重的程度,越往上表示越重,越往下表示越輕,橫軸表示核心穩定性,越右邊表示越穩,越往左表示越不穩。

脊椎負重的大小很單純，就是下肢訓練時肩膀上承載的重量，圖上各個動作的相對位置，表示在對每個動作有一定的熟練度之後，常見的重量分布會有這樣的趨勢，這當然是一個粗估，而且有不小的個別差異，不過這張圖並不試圖解釋每個人個別的狀況，只是在描述一個常見的現象。穩定性方面的概念稍微複雜一些，因為造成穩定性差異的原因不只一個，從經驗上來看，造成穩定性差異的因素大致有三類：軀幹角度、下肢動作幅度，以及支撐點。軀幹角度方面，指的是動作過程中軀幹前傾角度大小。

以深蹲來說，背蹲舉就比前蹲舉有較多的前傾，因此軀幹的穩定性會受到比較大的挑戰。以傳統硬舉和相撲硬舉的比較來看，傳統硬舉比相撲硬舉前傾多一些。在支撐點的方面，身體接觸地面或器材足以製造穩定性的點稱為支撐點，以槍式深蹲來說，支撐點為1個，深蹲的支撐點有2個，握把蹲的支撐點有4個，箱上蹲在低點的支撐點有3個。

軀幹角度、下肢動作幅度及支撐點的多寡是影響負重的因素，但也不是唯一或絕對的因素，因為動作肌群的參與程度、動作行程的長短以及個人身材的特性，都會影響最終的負重能力，但是如果從宏觀的角度來看，穩定性跟力量大致有個成正比關係的趨勢。

先前提過，我們需要脊椎負重來提高脊椎的骨骼強度，但是我們不希望核心的「不穩定性」引發過多的訓練風險。因此，如果要提高重量，就盡可能選擇穩定性高的動作，如果要訓練穩定性，使用的重量就會偏小。如果我們畫一條線，把符合這些條件的動作都區分開來，我們會得到上圖的斜線。

根據經驗，需要增加大重量的時候使用高穩定性動作，需要訓練穩定性的時候使用中低強度的重量，結果都很容易在幾天內恢復。如果同樣操作3×3、3×5，或是做到當日最大肌力1RM，使用斜線以下的動作通常都可以在48-72小時之內恢復，但是如果使用斜線以上的動作，當重量很重的時候，恢復起來就沒有那麼快。這樣的現象原因未明，而且也不是絕對，初學者可能因為舉起來的重量較輕，無論使用什麼動作都很快恢復，動作之間的差異性並不明顯，但是進階者或是天生肌力較強的人，很快就會感覺到斜線上和斜線下的動作的差異性了。但是如果要推測其可能的原因，可能是因為背蹲舉、前蹲舉、硬舉等動作的屈髖幅度較大，身體前傾的程度也可能比較大，核心穩定性需求較高，下背肌群較容易疲勞，因此需要較長的恢復時間。

在設計週期及安排課程內容的時候，為了避開持續不斷或是斷斷續續出現的身體疼痛與停滯，將變化動作納入訓練變項是一個必要的措施，而在使用變化動作的時候，就可以參考上圖中的動作分類，動作的選擇沒有絕對的、一定的標準，但是一般我們會有以下建議：

▶任何動作都盡量不要持續3週以上不換。

▶盡量交錯使用高穩定大重量以及低穩定小重量的動作，大重量可以針對脊椎進行訓練，小重量單邊／不對稱動作可以針對下肢進行訓練。

▶蹲系列、髖屈伸系列以及負重行走系列，是下肢大重量訓練的主項目，三者可以在同一週裡適當搭配，但是如果動作必須出現在同一天，則必須考慮三者的脊椎「總負重」。

▶1週當中如果安排了最大肌力日與爆發力日的課程，也可以利用變化動作降低過度使用的機率。

以上方式可以幫助訓練者避開不該出現的腰痠背痛以及肌力停滯，讓訓練者可以在漫長的訓練期裡穩穩的累積肌力，逐一將這些動作的最大肌力慢慢推高，就會達到多元肌力的進步。

CHAPTER 13

運動心理，身心準備

　　從外表來看，肌力及體能訓練的領域裡，處理的不外乎是肌肉、動作、能量系統、運動表現，是一個再「生理」不過的東西，但是肌力訓練的心理層面其實超乎一般人的想像。事實上，肌力訓練這件事的成功與失敗、失落與滿足、效益與傷害，都與心理議題有關，如果沒有透過良好的自省和鍛鍊，其實心智也可能會病弱不堪，或是像脫韁的野馬一般不受控制，最終都可能導致肌力訓練計畫的失敗。如果進一步思考這件事，我們就會發現，人類的任何作為都從起心動念開始，也就是說，心智的重要性其實是優先於身體的鍛鍊，想要把肌力訓練的每一步做好，卻忽視心智方面的功夫，很可能就會亂了章法，輕則讓訓練計畫不了了之，重則導致原本可以避免的訓練傷害。

　　要探討心智訓練，先從肌力訓練中最重要的心理意涵談起，就是我們相信人生在世，有些事情是掌握在我們自己的手裡，我們相信改變，而且我們相信無窮無盡的改變。如果不相信改變，肌力訓練完全沒有意義，我們只能接受被動的、病弱的、逐漸凋零的人生，然後成為自己人生的受害者，無可奈何地承受一切。肌力訓練給人類帶來的經驗和啟示，是告訴人類後天的努力可以帶來多麼巨大的進步，而且這個進步幾乎是橫跨一輩子的。

　　從事肌力訓練的訓練者，必須要先明白這一點，才能夠在訓練上堅定信心。要知道長期的訓練過程裡，你會經歷無數次挫折、停滯、退步、失望，然後一切再重新開始，然後全部再重新經歷一次。在這條漫長的進步過程裡，幾乎沒有一個人是順遂的，阻礙會在你不設防的時候偷襲，成功會在你歡慶的時候褪色，驕傲與自卑交錯出現，總在你心智最脆弱的時候重重打擊你。面臨這些起起落落，會有無限多次的機會感到絕望，覺得不可能再進步，不可能再更好。了解這是一條永無止境的路，了解這是一條長期改變的路，了解訓練是無窮無盡的，才能在訓練的漫漫長路上不至於迷失。

　　心智與肌力非常類似，都有著巨大的成長空間，也有其特定的成長機制，許多人在肌力訓練的過程裡，一味追求肌力的成長，欣喜於初期劇烈的進步（多半來自於初學者效應），但卻輕忽了心智的同步成長，殊不知，得來太容易的成功往往造就了較脆弱的心智，這樣的心智狀況太容易急於追尋甜頭，耐不住等待和挫折，一旦事情不順遂就容易放棄。所以許多人在初學者時期進步了一點點，「證明」自己也頗為強壯之後，隨即在稍微更艱苦一點的地方就放棄了，這樣的人往往只能拿當年曾經做過的嘗試來回憶。所以，心智的訓練其實比肌力訓練更為重要，因為唯有堅毅的心智才可以帶人度過乏味煩悶的努力過程，讓人無須任何高壓手段也能對挫折的

過程甘之如飴，並且永遠都相信努力的價值，只可惜，肌力訓練的初期不容易讓人建立這樣的心智能力，只有刻意的自我覺察以及長期的努力經驗，才可以逐步建立強壯的心智。

有一個重要的觀念，可以讓人在長期訓練的過程中，找到該有的心態而不至於迷失，這個觀念稱爲「無限賽局」。無限賽局的觀念源自於詹姆斯・卡斯（James Carse）的著作《有限與無限的遊戲》（*Finite and Infinite Games*），所謂的有限賽局和無限賽局，指的是人世間的競賽的兩種性質，關於這兩種賽局的性質分述如下：

【有限賽局】

○有明確的起點和終點

○有明確的遊戲規則

○有明確的競爭對手

○遊戲的目的是贏

▶有限賽局的範例：競技運動、大學排名、減脂大賽

【無限賽局】

○沒有明確的起點和終點

○遊戲規則隨時可以改變

○參賽者隨時可以增加或減少

○卽使你退出，比賽仍然繼續

○遊戲的目的是持續遊戲下去

▶無限賽局的範例：人際關係、國際關係、婚姻、友誼、知識、健康

有限賽局和無限賽局這個觀念的應用範圍非常廣大，從商業模式、國際關係、人際關係、競技運動甚至人生，都可以透過識別賽局的類型來做爲決策的依據。無限賽局和有限賽局有著截然不同的策略，且無限賽局並不是一連串的有限賽局。

那麼，肌力體能訓練是一個有限賽局還是無限賽局呢？

在我們分析肌力體能訓練的賽局屬性之前，先讓我們把肌力訓練的「目標設定」用有限和無限的角度作一個基本的分析：

	短期目標	長期目標
有限賽局	力量、速度、耐力、體脂肪百分比	身體組成、表演、贏得比賽
無限賽局	訓練規律、飲食習慣、生活作息	健康、強壯、樂趣、生活品質

許多人的第一直覺可能會覺得肌力體能訓練是一個有限賽局，畢竟肌力訓練的過程當中充滿了階段性目標，且大家無論願不願意承認，都至少有一點在意各個動作的成績，尤其在「無可取代的最大肌力」的論述之下，肌力體能訓練像極了一個有限賽局。但是，如果我們更仔細分析做肌力訓練的原因，我們應該會發現，舉重、健力、健美或大力士比賽是有限賽局，但是肌力訓練本身卻是一個不折不扣的無限賽局。

有限賽局和無限賽局的一個基本差異就是有沒有清楚的開始和結束，各種力量型比賽都有一個清楚的比賽日期，而從你決定參賽到比賽的當下，就是你可以用來準備的時間，但是肌力及體能訓練的目標是健康、強壯、樂趣和生活品質，這些事情的期限跟人生一樣長。短時間猛然拉高的表現，如果無法持續，意義也不大，如果還帶來大量的勞損以及長時間休養導致的退步，則猛然拉高的表現，反而對長期來說，其實是有害的。

若我們知道訓練是一個永無止境的改變過程，心理上也認同這樣的觀點，接下來要面對的議題就是：面對這個永無止境的改變過程，我們要有心理準備，去做出翻山越嶺的努力。我們要有一個心理認知，就是真正的進步來自於長期穩定而細微的進步，而真正的努力不是在一天裡如何讓自己筋疲力竭，而是如何可以穩穩地度過這個漫長的努力過程。

所以，肌力訓練所需要的心性，其實不是大家在網路影片裡看到的狂暴吼叫式的態度，破紀錄的那一刻或許是肌力訓練裡最精彩的一刻，但是那是一整趟旅程裡面不到千分之一的時刻。肌力訓練的過程裡絕大多數的時候是在屏息以待適當時機，然後心如止水地完成當天的目標，接著知足的退出訓練狀態，讓身體得到休養，任何莽撞少年都可以在亂動亂叫中展現片刻的熱血，只有心裡明白這是一條漫漫長路的人，才能夠靜下心來踏上孤寂的進步之路。

要舉起自己生命中的大重量，必須先成為一個調養自身狀態的高手，訓練、飲食、睡眠等都會影響一個人的長期進步，在前面的篇幅已經介紹了很多訓練的方法和技術，現代科學對於均衡飲食和規律睡眠的資訊也相當充足，在此不是要重複介紹這些知識，而是要探討一個問題：我們有了訓練的知識，我們知道飲食和睡眠的重要性，然後呢？然後我們就可以開始踏上規律訓練的旅程，然後十年過去，我們舉起了一般人望塵莫及的大重量，變成萬中選一的強壯人種了嗎？

不，還沒那麼快，有了知識和技術之後，你第一個會面臨的問題是「你就是不會真的去做這些事」。或許你會說，只要有恆心、有毅力、有紀律，就一定做得到。我會說，恆心、毅力和紀律都對達成目標有幫助，但是這些都是有限的心智能力，就像體力一樣，不是取之不盡用之不竭，我們可以依賴一時，但是過度依賴則會產生心智上的力竭。所以，更重要的一件事是要「抓住心性的節律」。

人是間歇的動物，如果透過適當的組間休息，可以做「很多次」高強度衝刺，但是如果持續一直跑，就會漸漸慢下來，變成LSD式的低強度訓練。肌力訓練的關鍵首重「踏進夠高的強度區」，其次才是「在夠高的強度區裡累積訓練量」，雖然我們不斷的形容肌力訓練是一條漫長的路，但是這段路並不是用持續慢跑去完成的，而是一段又一段「精力充沛的衝刺」和一次又一次「精神完足的恢復」所編織而成的。而心智正好也是如此，持續堅忍的心智狀態總有力竭之時，「知所進退」的心智才能夠走得長長久久。

讓我們看一個例子。「一個訓練者在掌握一個新動作之後，開始爬升訓練強度，不管是用3×3或是5×5或是1RM，總之可預期的是在近期會有逐步加重的向上適應現象，果不其然，每週1次相同動作的訓練讓他在這個動作的肌力逐步提高，提高的現象持續了5-6個星期，眼看著第7週到來，再次強勢破紀錄的心情蠢蠢欲動。不過，這時候誠實檢視一下他的狀況，他的關節在訓練時隱隱作痛，日常生活中他開始避免一些會讓他難受的姿勢。此外，他在心裡也開始懷疑自己第7週是否可以再

次破紀錄，他有想過是否該給自己休息一下，但是連續幾週以來憑藉著破紀錄帶來的快感和自信，讓他捨不得放棄這種感受，下週再一次破紀錄的渴望越來越強烈，強烈到晚上睡覺都會不斷想到與破紀錄有關的事。第7週的訓練時間來到，他先走過一貫的熱身流程，接著迫不及待的開始加重量，幾組之後，加到距離破紀錄只差最後2個小槓片的時候，這一下做得異常辛苦，咬牙切齒才完成，身體覺得無比疲累，但是還剩下最後破紀錄的那一組，說什麼也不想要現在放棄。結果，這一下果然和預想中最糟的狀況一樣失敗了，唯一可以慶幸的是沒有在這一下受傷。」

長期訓練的人一定覺得這個畫面並不陌生，在訓練的過程很可能出現不只一次，接下來又是很長一陣子的自我否定，好像從來就沒有過任何進展一樣，後續的負面情緒就不再多加描述，同樣的情形可能以不同的形式不斷出現。從這樣的案例裡，我們可以學到什麼呢？我們要知道一件事，就是在長期的訓練裡，「絕大多數的突破並非來自當下的超自信表現，而是來自長期緩慢堆疊後自然發生的效應」。我們可以依賴超強的自信和靈感，在關鍵的時候創造奇蹟，但這是非常時期的非常手段，在日常生活裡不斷地依賴非常手段，不但是小題大作，而且其實可能是整體狀態失衡的現象。

所以，根據幾個原因上述的案例並不應該這樣發展，首先，根據訓練學的經驗，連續3-4週向上爬升的強度，其實就應該要開始注意停滯的問題。其次，當身體出現隱隱約約的疼痛，就已經是受傷或是過度訓練的警訊了，接下來更直接的是在逐步加重之後，開始出現動作速度減低，動作品質下降的情形，這種情形其實都是接下來失敗的前兆。

我們當然知道，生物體是很難預測的東西，有前兆出現並不表示一定會失敗。但是，如果我們放下心裡的渴望，平心靜氣地想一件事情：以長期的進步來看，嘗試這個重量的最佳時機，是今天呢？還是下一週的此時？還是下個月的此時？我們知道，在越疲累的情況下，成功率是越來越低的，但是在充分恢復之後，成功率是會逐漸上升的，而且有先前5-6週連續進步的事實，更顯示短期適應的現象快要走到盡頭，此時嘗試這個重量，自己心裡應該要知道，失敗的機率是非常高的。

或許有人會說，失敗就失敗，總是嘗試過才甘心，這樣的說法當然會有許多人認同，畢竟追求重量的過程，數字等於成就，怎樣也不甘心放棄。但是，許多人沒有考慮到的一件事，失敗不是沒有代價的，每一次嘗試失敗，其實都很可能會影響所需要的恢復時間，使得原本每週恢復每週進步的規律開始改變，這直接關係到下

一次訓練的品質。一個失敗的動作裡必然會先經過用力的掙扎，掙扎沒有進展就可能會開始出現不可控制的代償動作，代償動作逼迫肌肉和關節扮演不屬於自己的角色，或是讓負擔重量的關節用很不利的角度去負重，結果導致不同程度的傷害，就算沒有任何錯誤足以造成明顯的傷害，一個堅持時間過長的動作可能會引發劇烈的神經性疲勞，影響下一次訓練之前所需的恢復時間，因此長期來看，失敗的動作是能免則免的。

這裡要再次說明，現在討論的是如何用最安穩的方式堆疊出長期進步的效果，不是如何透過技巧性的安排去誘發短時間的極致表現，肌力訓練裡最常發生的觀念混淆之一，就是拿力量型項目賽前誘發最佳狀態的課表，當成幫運動員打造基礎肌力的課表。這兩個概念在訓練學裡是截然不同的，基礎訓練的課表，或稱爲 Base Building 的課表，必須是能夠長時間在對的強度區累積夠多的訓練量，然後還不出問題的課表。這樣的課表占了肌力訓練過程的絕大多數，只有極少數的時候（例如力量型運動員的賽前準備期），才會需要用到誘發極致表現的課表，或稱爲 Peaking 課表。如果運動員所準備的項目並非直接與某些動作的單次最大肌力有直接相關，則 Peaking 的功夫甚至可能會省略，取而代之的是賽前的戰術訓練，肌力訓練的部分會直接進入短暫的維持期或減量期。Base Building 和 Peaking 有著迥異的設計邏輯，誤用了經常會導致反效果。

所以，**心智方面我們要能夠優先引導這件事**，才不會每次都讓自己在臨場的時候才作反應，因爲臨場的決定通常受到自尊心的影響，會做出違反基礎訓練的衝動之舉。以下有一些在平時就能提醒自己的注意事項，可以當作身心準備的基本原則：

▶肌力的進步是一種波浪狀的前進，要允許自己有進有退，重要的不是短時間裡的進退，而是長時間的趨勢是否向上發展。

▶對於不太確定或有點勉強的成功經驗，一定要誠實面對，重新調整課表，直到不太確定的重量已經成爲確定的重量，才繼續往前走。

▶要把動作品質的提升也視爲一種進步。

▶不要眷戀任何一個動作，在脫離初學者階段之後，每個動作都只有短短幾週的線性進步潛力，一旦糾纏太久，就會開始下滑。

▶用長期的進步來證明自己，不要用短期的超越證明自己。

▶卯起來熱血很容易，冷靜面對比較難。

▶如果害怕心如止水的練法會破壞堅持到底的心智（其實不會），可以選擇適當時機做類似super squat等必須要考驗當下忍耐力的訓練。

▶絕大多數的時候應該要採取基礎訓練的心態來做訓練，唯有在基礎已經堆疊得非常高的時候，再去追求極致表現才會有意義。

▶缺乏基礎訓練、用很低的基礎去追求極致表現，其結果也不會太極致。

▶訓練不應該與長期的疼痛和挫折為伍，健康無痛、心如止水的過程應該要占大多數。

　　總結以上幾點，這些當然是很簡單的原則，相較於心智的複雜度，任何文字敍述都是過於簡略的，真正重要的是，要把肌力訓練本身視為一個心智訓練，當我們試著嘗試額外的心理技巧之前，不要忘記，肌力訓練本身就是一個超有效的心智訓練，要在每一次訓練的每一個動作，一步一腳印的去累積進步，同時要全心地去體會這樣的進步，才能讓心智跟著重量成長，最終我們會體會到，心智要先強壯，身體才會跟著強壯。

總結

如果你堅持到這一頁，表示你已經捱過我前面所有夾七夾八的冗長論述，堅持到把整本書讀完的這一刻，恭喜你，也謝謝你。

在撰寫此書的過程中，最初我曾試圖用條列式的架構和大量的數字管理的方式，鋪陳我想要涵蓋的所有概念，但一開始就發現這是一個不可能的任務，硬要把變動的事物列出清晰的架構，可能會犧牲重要的細節，勉強列舉重大原則的同時，可能會出現每一個原則都有十七、八個例外情形，而精確的數字管理更可能忽略肌力訓練的本質，那就是本書一開始提到的「人是階段性變化的動物」，固守著教科書上的次數、組數和百分比，結果都會造成過度規劃，在訓練實務上經常窒礙難行，徒增困擾。

所以最終，這本書寫成了這種說故事的形式。每件事情似乎都有好有壞，每個方法也都有特別適用和不適用的時機和對象，我想，如果我回到當年填鴨教育的學生時代，我一定會對這種書寫方式感到困惑甚至不耐，但在經歷了運動選手、基層教練、兩個碩士、一個博士、大學教授和業界教練的這幾十年歲月，我開始感覺到「故事型教科書」的重要性，這種書寫方式，不是寫出原則讓讀者自行研讀，而是試著用文字陪伴讀者，走過我自己走過的路。

肌力訓練為什麼這麼重要，值得我一直書寫論述呢？

如果說人生中最重要的資產是身體，最珍貴的財富是健康，最高的享受是高水準的身體能力，那麼肌力訓練便是人生中最關鍵的投資手段。在過去的思維裡，財富被定義為那些有交換價值的東西，貨幣、貴金屬、股票、不動產，這些東西都有昂貴的標價，因為他們可以用來交換，但是「身體」作為一個不能交換的東西，卻比可以交換的東西還要珍貴。在人類壽命全體性延長的先進國家裡，許多人發現，早在那些有交換價值的東西耗竭之前，身體能力更早也更快耗竭，這讓許多人處於一種衣食無缺但體力貧窮的狀態。

在沒有明確的技術系統出現之前，這種體力貧窮被視爲自然衰退，反正人過了年輕力壯的年紀之後，就應該坦然接受體力一路下滑的自然現象，但是在運動科學蓬勃發展的今天，我們發現人體在後天有許多可以進步的身體素質，而肌力正是一切的基礎。

本書是關於肌力訓練課程設計的心法，列舉了我在職業生涯中學習到的動作分類和週期安排，希望這本書可以幫助每一位想要抵抗衰退、反擊命運的訓練者，發揮自己的潛力，打造最強壯版本的自己。

附錄

專項轉換訓練範例

前面的多種週期訓練方式，都有提高最大肌力的顯著功效，在提高了最大肌力之後，若訓練者有特定的表現目標（例如：爆發力、爆發耐力、肌耐力或重耐力等），則可以進行所謂的專項轉換訓練，讓這些專項肌力可以提高。以下是各種專項肌力的參考訓練方式：

爆發力訓練	訓練範例	訓練特性	強度 × 組數 × 次數
爆發式重量訓練	速度深蹲／蹲跳／速度硬舉／爆發式臥推	將傳統肌力訓練動作加速度	30-80% 3-10組 1-3次
奧林匹克舉重衍生動作	單手抓舉／窄抓舉／上膊／爆發上推	著重瞬間發力的能力	60-90% 3-10組 1-3次
增強式訓練	跳箱／欄架	強化伸展收縮循環（SSC）	依照專項需求
彈震式訓練	藥球／鐵鎚	只加速不減速的動作	依照專項需求
複合式訓練	深蹲+垂直跳／RDL+立定跳／法式對比訓練	結合大重量和高速度	大重量：75-95% 高速度：徒手 3-10組 1-3次（配對）
變動強度訓練	彈力帶深蹲／鐵鍊硬舉／彈力帶臥推	利用變動強度誘發身體加速度	槓鈴重量：50% 變動強度：20-30% 組數：8-12 次數：1-3

爆發耐力訓練	訓練範例	訓練特性	強度 × 組數 × 次數
高反覆爆發式重量訓練	連續速度深蹲／連續蹲跳／連續速度硬舉／連續爆發式臥推	低強度高反覆爆發力	30-60% 3-6組 5-10次
團組式訓練	奧林匹克式舉重衍生動作＋次數間短休息	利用短暫的次動作間休息，在有能量系統負荷的情況下訓練爆發力	30-60% 每次1-3下 次數間休息15-60秒 重複10-20次
彈震式訓練	連續藥球／鐵鎚／壺鈴擺盪	只加速不減速的動作	依照專項需求

肌耐力訓練	訓練範例	訓練特性	強度 × 組數 × 次數
高反覆重量訓練	連續深蹲／連續臥推	考驗相同動作的肌耐力。	
循環訓練	屈體划船／RDL／高拉／上膊／前蹲／肩推／背蹲／抓舉	利用連續不同的動作，考驗在高能量系統負荷之下的肌耐力表現。	每個動作8下，反覆3循環

重耐力訓練	訓練範例	訓練特性	強度 × 組數 × 次數
呼吸式深蹲	super squat	每次深蹲過後，做數次深呼吸恢復體力，重量不放下，連續做20次深蹲	目標：以10RM重量完成20次

　　上述為常見的專項轉換範例，值得一提的是，隨著運動員越接近比賽，專項訓練本身的比例會逐漸提高，而專項訓練本身才是最有「專項特殊性」的訓練，因此重量訓練的專項轉換只能是專項訓練的輔助，不要喧賓奪主，若訓練內容過多導致訓練不相容，須視運動員的優缺點，來決定減少專項訓練還是專項重量訓練。

能量系統訓練範例

基礎能量系統的差異

能量系統	運動時間	休息時間	組數	強度百分比	範例
磷化物系統	5-10秒	2-3分鐘	10-30趟	90-100%	運動10秒，休息2分鐘，反覆10趟
乳酸系統	30-60秒	1-3分鐘	6-15趟	75-90%	運動30秒，休息2分鐘，反覆6趟
有氧系統	2分鐘以上	3-5分鐘	視專項需求	75%以下	運動3分鐘，休息3分鐘，反覆5趟

Strength & Conditioning 017

怪獸訓練肌力課程設計：打造最強壯版本的自己
Monster Training: Program Design for Strength Training

作者　何立安
攝影　何凡

堡壘文化有限公司

總編輯　　簡欣彥
副總編輯　簡伯儒
責任編輯　郭純靜
文字協力　翁蓓玉
視覺統籌　IAT-HUÂN TIUNN
圖表影像協力　劉孟宗
行銷企劃　游佳霓

出版　堡壘文化有限公司
發行　遠足文化事業股份有限公司（讀書共和國出版集團）
地址　231 新北市新店區民權路 108-2 號 9 樓
電話　02-22181417
傳真　02-22188057
Email　service@bookrep.com.tw
郵撥帳號　19504465 遠足文化事業股份有限公司
客服專線　0800-221-029
網址　http://www.bookrep.com.tw
法律顧問　華洋法律事務所　蘇文生律師
印製　凱林彩印有限公司
初版首刷　2025 年 2 月
定價　新臺幣 1,250 元

ISBN　978-626-7506-52-3
　　　（PDF）9786267506530
　　　（EPUB）9786267506516
有著作權　翻印必究
特別聲明：有關本書中的言論內容，不代表本公司／出版集團之立場與意見，文責由作者自行承擔

國家圖書館出版品預行編目（CIP）資料

怪獸訓練肌力課程設計＝ Monster training：Program Design for Strength Training／
何立安著. -- 初版. -- 新北市：堡壘文化有限公司出版：遠足文化事業股份有限公司發行，
2025.02
256　面；　21x28 公分. -- (Strength & conditioning ; 17)
ISBN 978-626-7506-52-3　　　　　　　　　　　（平裝）

1.CST: 運動訓練　2.CST: 體能訓練　3.CST: 肌肉

528.923　　　　　　　　　　　　　　　　　　　114000032